基金项目

湖南省社会科学成果评审委员会项目（湘社评〔2020〕1号
XSP20YBZ156）；

湖南省教育厅科学研究重点项目（湘教通[2019]90号18A374）。

【学者文库】

动态阅读

——关于图像和文字互动关系的研究

晏虹辉◎著

九州出版社
JIUZHOUPRESS

图书在版编目（CIP）数据

动态阅读：关于图像和文字互动关系的研究／晏虹辉著 . -- 北京：九州出版社，2019.9

ISBN 978 - 7 - 5108 - 8352 - 1

Ⅰ.①动… Ⅱ.①晏… Ⅲ.①传播学—研究 Ⅳ.①G206

中国版本图书馆 CIP 数据核字（2019）第 220832 号

动态阅读：关于图像和文字互动关系的研究

作　者	晏虹辉　著
出版发行	九州出版社
地　址	北京市西城区阜外大街甲 35 号（100037）
发行电话	（010）68992190/3/5/6
网　址	www.jiuzhoupress.com
电子信箱	jiuzhou@jiuzhoupress.com
印　刷	三河市华东印刷有限公司
开　本	710 毫米×1000 毫米　16 开
印　张	16
字　数	195 千字
版　次	2020 年 9 月第 1 版
印　次	2020 年 9 月第 1 次印刷
书　号	ISBN 978 - 7 - 5108 - 8352 - 1
定　价	85.00 元

序言：并非时空的延宕

　　第一次接触到"读图时代"这个概念是在 20 世纪末期。那是在一个校园，一个因广电媒体光晕无限而名望斐然的学府之中，一个在国际广告业界佳作频出、著述有加的创意总监的讲座之上，听说了"读图时代"这个概念。那时我离开大学校园不久，从事平面广告设计也才略有资历。当时国内的广告行业刚刚步入上升周期，行业产值每年都以两位数的百分比尽情疯涨，我有幸成了行业中的一员。正因为当时国内整体广告创作水平不尽人意，加上自己对专业水平提升的渴望和对影视关注度的增加，在名校、名人所带来的略带神秘感的氛围中，我对每个新鲜的信息和陌生概念的敏感程度丝毫不亚于刚启蒙的学童。"读图"？对毕业于专业美院设计专业，而且正终日在点、线、面中穿梭，时刻在色彩和结构中思考的我来说，确实有些发蒙。坦诚而言，之前很少进行文字的研究，因为当时我执业的机构，文案属于另外的部门，创意会议虽然我所在的设计部必然参与，但往往是两个部门各自为政，设计部的图形创意好，文案部就负责添加文字，文案部有好点子，设计部就负责画面呈现——这也是当时国内专业广告公司通行的做法。既精于文案又能动手画图、摄制（影视作品）的创意人和图文创意合于一体的方式，是广告行业进入成熟期以后才出现的。图像可以读，文字可以"动"，而且还将是一个"时代"的到来?! 带着新鲜感和疑问，课后，根据那位创意总监提及的书名和作者，我终于在两本厚重的哲学文集《海德格尔选集》（上、下卷）中找到了那篇《世界图像的时代》。

《世界图像的时代》是德国哲学家马丁·海德格尔（Martin Heidegger, 1889 – 1976）于1938年6月在弗莱堡艺术科学、自然研究和医学学会上，以《形而上学对现代世界图像的奠基》为题所作演讲的讲稿。面对着一叠晦涩生僻的哲学概念和逻辑，当时的我读得头皮发炸。在神游与煎熬般的囫囵吞枣之后，敬而远之地放下了沉甸甸的书本，心中却疑惑这篇演讲稿到底何处提及了"读图时代"? 这篇探究人与现代世界关系的哲学思考中的"图像"，到底与现实世界关系怎样?

随着自己在广告公司业绩和职务的提升，对设计作品审核的责任压力与日俱增，其中对我所把关的图形、版式、色彩与文案部门负责的文字的关系进行协调，有时甚至比向客户做陈述说明更加艰难，与文案总监、创意总监的争论、商议有时竟演变成了争吵，"你懂构图吗?""你会写文案吗?"都快成了创意会议的休会或暂停标志。当然，争吵之后我们依然是好朋友，是同事，但回想起争论的内容时，"读图"这个概念却经常跳入脑海，让我冷静地从文字入手，换一个角度重新审视起那些画面来……与此同时，电视台、电台、报纸、杂志等笼而统之被称为"传统媒体"的这些机构，正被一些被称为"网站"的机构瞄准着、觊觎着。互联网，当时已经被我们这些整天出入于写字楼、广播电视台和报社的人所知晓，我们也都明白互联网将给这个世界带来巨大的改变，只是大家都想象不到这改变的程度究竟几何，这改变何时会到来，又会对我们造成怎样的影响。我的心底里隐约觉得，这变革可能会与曾经听到过的"读图时代"有关。

千禧年刚过，我离开了原来服务的公司，回到大学母校，站上了三尺讲台，向那些曾经如我的学子们讲授我也曾学习过，并且也已经实践过、论证过的课程和知识。看着那些再熟悉不过的教材，在编写教案的时候，脑子里却老是浮现出昔日与广告公司同仁们争论的场景，尤其在对某些知识点进行阐释时总会不经意地想起文案创作的同事的言语。所以，有时我在上课时会与学生分享有些相关的话题。

"不久的将来"，究竟是多久?! 真的不是很久，尤其是对互联网风浪的到来而言！当我第一次听到"读图时代"时，"狼来了"的呼叫已经在传统媒体业内响起，尽管大家喊得有些不情不愿，而且有些人还抱着些许"应该不会太咋地"的侥幸。但也就是三年不到的时间，网络时代终于掀去了面纱，我和很多当时自认为站在时代前沿的人一样第一次登录互联网，第一次接触到了网站。早期的互联网给我的第一印象并不美好，"拨号上网"要经过漫长的等待才能打开一幅几十千字节的图片或网页，但互联网终于成为一个真实的呈现而非学者们眉飞色舞的描述。当时真正的中文网站并不多，内容还是对几天前就早已见报或在电视里播出过的新闻。当时对上网人群最热衷的聊天——在一些谁都可以进去，不管是谁都可以发言的聊天区，我丝毫无感，而邮箱倒成了最吸引我的功能。不用打电话也不用到邮局寄信，一封邮件发出后几分钟就能得到收件人回复的"神速"令我兴奋不已，仅此一点，直到日后若干年，我对网络的主要依赖就是邮箱。除了对很多网站内容和功能有些失望，出于职业的敏感，我对网站版面的设计极其不屑，认为它们呆板、单调得近乎粗鄙，无序、无理到毫无设计感可言——当然，后来通过对早期网站开发者的一些报道才了解，这些互联网早期的拓荒者大多是些计算机专业的理科生，几乎就没有美术专业的人加入其中，当时他们能够倒腾出一个可以运行的框架体系，把一些过时的新闻和图片填充进去，点击之后能够打开，尽管慢点都已经是令人佩服的"高人"了，至于缺乏美感和版式设计当然就无伤大雅了。但上网时我在对版面关注的同时，对其中文字（并非报道内容）的使用也有了些思考和探究，尤其是文字和版面、图片之间的关系。也就是在那段时间，一连串偶然的机会，我开始接触到影视制作，从最开始由朋友邀请对片头定格版式、拍摄现场布置进行指导，到后来把学校有关编辑、制作的教材重新回炉消化，参与到了一些电视片的制作。而电视制作正是真正让我对图像和文字关系升腾起兴趣火苗的关键。

　　文字在电视片中的作用非常奇妙，它不同于平面设计作品（早期）中局限于说明、指示、标题、参与画面构成等功能，眼睛和耳朵都能接收文字信息的特性使得文字在电视中的运用大大扩展，而画面的同步也使得文字在平面作品中起到说明、指示的功用，在某些时候变成了赘述的败笔，而有些时候却又成为强调、凸显的点睛之笔……我开始由最初的迷茫转成持久的迷恋。随着教职的变动，我不单变换了生活的城市，教授的课程也由原来以平面和基础课为主转向了含括平面、影视的应用类课程，而互联网的变迁比我的变化更快更多。

　　因为更多讲授的是美术设计系科的应用类课程，无论是哪种类型的作品，作品的完整性呈现是这门课程的检验标准，即学生能全面掌握并独立完成具有不同风格的、合格且完整的平面影视作品的理论和操作，这既是系科设立和存续的基础，也是各相关课程教学大纲的目标指向，更是教师必须能传授给学生的知识。职责所在和知识结构完善的要求，再加上广告公司执业和电视制作的经验沉淀，尤其是网络催生的"新媒体"所引发的大众传播体系的颠覆性巨变，进而导致受众传播活动参与模式的逆转，让我深刻地感受到了那四个字的分量：读图时代！所以，对文字理论的系统性学习，对文字与图像关系的关注和研究成了我延续至今的必需和必要。

阅读，从文字里获取知识、信息，似乎在每个人心里都是天经地义的事情。从古代识文断字就意味着可以成为高人一等的"先生"，到近代相当长的一段时间，能识字读报的人都被称为"有文化的人"。时至今日，如果有人被称为"文盲"或"半文盲"，大家都会以为是玩笑，如果在得到进一步确认之后，人们大多会流露出异样且狐疑的神态，因为在当下的社会里，识字和阅读应该是一个正常人必须具备的能力。尽管识字和阅读不能相提并论，不同的人阅读同样的内容，也不可能获得完全一致的认知，但文字和阅读已经是现代人无可非议的生存必需。

看图，是人类获取信息最本能的方式之一，相比于阅读，仅需简单的习得和一定时间的积累即可掌握，而无须像文字一样系统地学习。人在婴幼儿时期就可以在大人的引导下，通过"看图说话"的简单绘本，在玩耍之际开始对这个世界进行认识。随着年龄的增长，甚至无他人的干预和影响，我们对图（包括有关人和事物的图画、影像、场景、标识等）的认知会不断得到补充完善，如果再经过系统的培训和学习，可能即使没有文字体系的加入，我们对图所包含的信息也能更深一步进行理解，倘若再加上某个特定领域的专业训练，同样的图，不同的人看就完全不同了。

读图，从字面简单理解，就是把图如同文字一样阅读，如果把组成这个词的两个字在同一视域和同一语境下拆开理解，我的理解是，不论一则图（像）中是否包含文字，读图者要读出图（像）中的所有信息。"读图"，作为一个概念，在海德格尔20世纪30年代末提出

"世界图像时代"来临的预言之后，逐步为人们所关注和揣摩，直到20世纪90年代才最终形成了从学界到社会文化、大众传播的共识，以偏正结构的词组形态——"读图时代"提出，而这一时期正是互联网从实验室进入现实社会，计算机从体量庞大的计算机器优化集成为可置放于书桌的PC机（个人电脑），计算机操作从只能以机器识读的专门语言被鼠标和WINDOWS系统所简化与去门槛化的时间段，而真正广为人知并形成时尚表述，应该始于21世纪之初。似是而非也好，一知半解也罢，海德格尔"从本质上看来，世界图像并非意指一幅关于世界的图像，而是指世界被把握为图像了……"的论断被广泛引用，并作为"读图时代"来临的依据，我的理解也是如此。

随着网络和通信技术的飞速发展，信息流动的快速、交互和便捷造就了今日新媒体的繁盛。"媒介即讯息"！加拿大媒介理论家、思想家马歇尔·麦克卢汉（Marshall Mcluhan，1911－1980）于20世纪60年代的惊世论断，堪称对当下传播活动和传播媒介状态的神一般的先知先觉，与海德格尔"世界图像时代"来临的预言一起，于半个多世纪以前就清晰地描摹出了我们今天的信息生活状态。现在的印刷物（包括图书、杂志、报纸、传单、平面广告等）中图片多于文字；今天的图像制品（主要指电视、视频中非影视剧、故事片的栏目、节目）中画面多于文字；现代人更喜欢绘本、动漫之类的直观化、形象化、快餐化读本，厌倦大部头、重叙述、理性思辨的文字书卷；手机、平板电脑随处可见，手不释卷却成凤毛麟角……都不足为奇，其实，麦克卢汉的思想早就为今日的状况做出了解答。媒介即讯息（也有人写成媒介即信息，但"讯息"和"信息"还是有区别的，后文论述中将有相关解读），就是说从大尺度的时间和空间维度看，真正有意义的讯息并不是当时当下的媒介所提供给人们的内容，而是媒介本身。

换个角度理解就是，人类只有在掌控了某种媒介工具之后，才有从事与之相适应的传播和其他社会活动的可能性和现实性，那个时代所使用的传播工具的性质，以及由其创设的可能性和带给当时社会的变革，才是对社会真正有意义、有价值的"讯息"。

也正是由于现代科技的发展，社会人所面对的信息巨量增长，工作和个人发展机会选项骤增，个人收入和支出也随着社会财富总量水涨船高，娱乐休闲方式琳琅满目……笼而统之就是可以选择的事物太多了，支撑选择的成本提高了，造成个人的欲望膨胀，其结果当然就是个人压力的增大（可以概述为社会压力大）。人在繁复之间当然趋向简单，在重压之下当然期盼轻松，因此，谁愿意在迫不得已的情况之下去简就繁，能放下一瞥之间知原委的轻松而去逐行逐句地冥想和烧脑呢？何况由于科学技术使"世界被把握为图像了"！媒介最重要的作用就是"影响了我们理解和思考的习惯"，麦克卢汉认为。因此，我们这个时代的媒体所传播的内容，不应该就是"图像了"的吗?！不应该就是"读图"吗?！但进而思之，"读图时代"的文字其作用消退，或者是弱化了吗？其实，略有常识的人都知道，答案是否定的！但图像与文字的关系在现在又该如何认识？随着时空的推延，图像与文字的关系不会有新的延展吗?！

笔者的工作经历和现状一直就是与色彩、线条、图形、图像、文字、创意为伴，对经济社会变化的观察是工作和生活的必需，尤其是考虑提高所教学生毕业后适应市场和职场的能力，所以我对图像与文字关系的思考无法停止。笔者现今最主要的"成果"就是培养合格的视觉传达专业的学生，我的思考和研究将直接作用到我的教学实践，间接影响到现在和今后将会出现在全国乃至世界的网络媒体、电视、电影、报刊、广告呈现，即媒介表现。"媒介即讯息"，讯（信）息最基本的构成元素就是图像与文字。按照麦克卢汉的观点我们不难演绎，媒介的变迁就是讯（信）息的变迁，那么讯（信）息的变化也将带来基本构成元素图像与文字的变化——既包括二者自身的变化，也包括二者相互关系的变化。

"动态阅读"，笔者思考良久，写下了这四个字作为本书的标题。变化即运动，运动是这个世界存在的本质，世界运动至今才有了现在的世界。笔者认为，互联网和新媒体技术是现代传播媒介的基础，即使传统媒体的当下运作也依赖于此。动态阅读，是受众对媒介呈现最具概括性的一个状态描述。媒体不论新旧，受众可以走着读，可以站着读，可以坐在任何地方读，时代技术造就；阅读文字是读，看图画影像也是读，读图更是最符合现代之读，是"世界被把握为图像了"所致。而且，动态还有一指—— 就是对适应于上述阅读的图像和文字，对适应于这种状态的图像和文字关系的研究，一直没有停止，也永远不会停止。动态阅读，并非时空的延宕。

《动态阅读》仅是为图像和文字关系研究进程中平添的一段细枝末节，或是盘根误转并无生发节节高，抑或是错结赘果，恳请大家纠偏指教。

《动态阅读》向图像和文字致敬！向读图时代致敬！

晏虹辉

二〇一八年三月于学府华庭

目 录
CONTENTS

知卷　认知图文

为什么是图像

本来想用一种特别纯粹、干净的设问句式开篇起始，但翻来覆去始终找不到与其撇干净、无关联也不涉及的行文语径，就是一种关系，即本书的围绕核心：图像与文字的关系。我从开始关注这两者的关系直到着手研究，触碰到的第一个问题就是：图像和文字孰先孰后成为人类认识世界、表达自己和相互沟通的载体，或者说工具？当然，综合现代科学研究的成果，这早已不是问题，是图像。但为什么是图像而不是文字呢？这样设问本身就是对选项的确定的论证啊！

但凡学习或了解过教育学、心理学还有传播学的人都知道，一个人来到这个世界，从婴幼儿时期开始感知这个世界一直到认识和理解世界（谈不上感悟人生哦），大体遵循着图画→语言→文字→图像＋文字的这样一个物理进程和形象思维－抽象思维的心理过程。即人在婴幼儿时期开始，对这个世界的感知是从画面开始的；随着身体的发育，语言功能的逐渐完善，开始从简单的"唔…哇…咿…呀"到单字发音再到词、语句的准确发音，即说话；六七岁开始学习文字和简单含义、图画与影像的基本含义，直到大脑和身体发育完全，对图像和文字的掌握与理解基本达到成人的水平。这是从单个的人的生理与心智发育和成长过程来讲。而人类作为地球上的一个物种出现，也是从画面开启对身外世界的认识的漫长旅程。难道，我们生存的这个世界也有一个发育和成长期吗？我们不妨做这样的假设：将人和外界（除了人之外的自然界）作为两个独立的主体，如果将这两个主体进行严格的物理意义上的隔绝，可能就不会有上面的所有问题提出了。但我们知道这种假设不成立，因为相互作用是万事万物存在的基础，所以人和外界的相互影响普遍存在，而二者之间的相互影响就必定从接触开始，有了接触，无论是物理上的还是意识上的，作为独立主体的人和外界（权且把外界也当成是有意识和感觉的生命体吧，何况我们所指的外界也包括了人类之外的动物、植物和其他生命体）都会因为接触而做出反应。于是，因为反应的出现，这个世界就开始了它的故事。

一、人与图像

（一）人体发育概述

我们还是从人作为个体发育成长的过程的大概了解开始吧。人，对外部的感知依靠的是人的感觉器官。如果要把人与外界的接触和感知从脱离母体（分娩）正式诞生开始算起，其实是狭隘和无知的表现。现有的科学研究结果告诉我们，一个人的生命体从受精卵形成后，胎儿的感知觉就开始发育并开始感知外界了。

人的物理性感知觉（大脑对意思、含义、思想的主观思维性感知觉除外）包括视觉、听觉、触觉、嗅觉和味觉等五种。胎儿的触觉产生得较早，2个月左右胎儿就会对尖细的刺激产生反应，4个月后胎儿的上唇和舌头部位受到触摸会产生如同吮吸动作的嘴的闭开活动，如果用小棍触碰胎儿手心则会紧握手指，碰其脚底胎儿脚趾会动，膝和髋将会屈曲。4个月以后胎儿听力出现，他们可以听到外面传入子宫内的声音。日本的一项研究显示，用录音机把母体子宫内的声音、母亲的心跳声和血液流动的声音录下来，等胎儿出世后（婴儿）放给他听，啼哭的婴儿听到录音后会停止哭泣并安静下来。这证明胎儿在母体内不仅听到了这些声音，而且认真地进行了声音的学习，记住了这些声音，出现了初步的记忆力，这些熟悉的声音让他们产生了安全感，所以停止了哭泣。

5个月左右，胎儿就开始具有了器官形成基础和反应能力，对视觉刺激有灵敏的反应。有实验研究表明，使用强光照射孕妇腹部时，发现胎儿闭眼侧脸，胎儿在子宫内活动增强，当经过几分钟适应之后，胎动才开始减弱。研究者为了证明胎动增强是否因强光照射孕妇腹部所产生的热效应所引起，他们把白灯泡浸入装有玻璃槽的水中（隔绝热辐射），让光线透过盛水槽的玻璃照射到孕妇腹壁，结果发现胎儿同样活动增强。因而可见，胎动反应是由于强光刺激胎儿视觉所引起的。

胎儿在出生以前，味觉就基本发育完善，胎儿在母体孕育过程中已出现了味觉。有观察发现，如果在母体羊水中注入糖汁，胎儿喝羊水的量明显增多，生长速度会快一倍，相反，如果在羊水中注入含碘的苦味汁液，胎儿对羊水的吸收速度会显著放缓，可见胎儿的味觉已能分辨味道，对甜味和苦味的反应十分敏感。胎儿的嗅觉因受子宫呼吸环境的限制，虽未表现出对外界刺激的明显反应，但从新生的婴儿的表现来看，初生婴儿的嗅觉在母体内基本已经发育成熟。从降生开始，婴儿各种感觉器官和能力开始进入快速发育与功能完善期。

表一　婴幼儿感知觉发育进程

感知觉类别	时间段	发育程度
视觉	新生儿	对强光有瞬目作用，其视觉在 15～20cm 处最清晰，安静清醒状态下可短暂注视物体
	1 个月	可凝视光源，开始有头眼协调，头可随物体水平移动 90°
	3～4 个月	喜看自己的手，头眼协调较好，可随物体水平转动 180°
	6～7 个月	目光可随上下移动的物体垂直方向转动
	8～9 个月	开始出现视深度感觉，能看到小物体
	18 个月	能区分各种形状
	2 岁	可区别垂直线和横线
	4 岁	能临摹几何图形
	5 岁	可区分各种颜色
	6 岁	视深度已充分发育
	10 岁	能正确判断距离和速度，能接住从远处掷来的球
听觉	出生时	听力差
	3～7 日	听觉灵敏度明显提高
	3～4 个月	头可转向声源，听到悦耳声时会微笑
	7～9 个月	能迅速看声源
	12 个月	能听懂自己的名字
	18 个月	能区别犬吠声与汽车喇叭声
	2 岁	能区分揉纸声与流水声
	3 岁	能区别"咿"与"啊"等语音
	4 岁	听觉发育已经完善

续表

感知觉类别	时间段	发育程度
味觉	出生时	发育已很完善，对甜与酸等不同味道可产生不同反应
	4~5个月	对食物的微小改变已很敏感，是味觉发育的关键时期
触觉	新生儿	触觉高度灵敏，特别敏感的部位是嘴唇、手掌、脚掌、眼睑等处，而前臂、大腿、躯干则相对比较迟钝；已有痛觉，但比较迟钝，痛刺激后出现泛化反应，2个月起逐渐改善；对温度的感受性比较敏锐，尤其对冷刺激比热刺激更能引起明显的反应
	2~3岁	能通过接触区分物体的软、硬、冷、热等属性
	5~6岁	能分辨体积相同、重量不同的两个物体
嗅觉	出生时	中枢与神经末梢已发育成熟，闻到乳味就会寻找乳头
	3~4个月	能区别喜欢与不喜欢的气味
	7~8个月	嗅觉发育已很灵敏
	第2年	能识别各种气味

来源：作者根据相关资料总结自制

（二）人的感觉及相互关系

人的感觉，是人脑对事物的个别属性的认识，是由刺激物直接作用于某种感官引起的。人类的感觉可划分为视觉、听觉、触觉、嗅觉和味觉等五种基本感觉。根据刺激物的性质以及它所作用的感官的性质，感觉还可以分为外部感觉和内部感觉。外部感觉是由身体外部刺激作用于感觉器官所引起的感觉，包括视觉、听觉、嗅觉、味觉和触觉。其中视觉、听觉、嗅觉接受远距离的刺激，又叫距离感觉。内部感觉是由身体内部来的刺激引起的感觉（机体自身的运动与状态），包括运动觉、平衡觉和机体觉（机体觉又叫内脏感觉，它包括饿、胀、渴、窒息、恶心、便意、性和疼痛等感觉）。围绕本书的主题，我在此仅对人的五种基本感觉，也就是外部感觉做简略阐述。

听觉是听觉器官在声波的作用下产生的对声音特性的感觉，或者说是声音通过人的听觉系统的感受和分析引起的感觉。触觉是指皮肤触觉感受器接触机械刺激产生的感觉。味觉是指食物在人的口腔内对味觉器官化学感受系统的刺激并产生的一种感觉。嗅觉是嗅神经系统和鼻三叉神经系统在气味的刺激下产生的感觉。视觉是通过视觉系统的外周感觉器官（眼）接受外界环境中的光刺激，经中枢有关部分进行编码加工和分析后获得的主观感觉。通过视觉，人能感知外界物体的大小、明暗、颜色、动静，获得对机体生存具有重要意义的各种信息。

在我们生存的外部环境中，大多数已知物体具有光线、声音、温度、气味等全部或部分属性，人不可能通过一个感觉器官就把这些属性全部感知和认识，只能通过一个或一类感觉器官，分别反映物体的这些属性，如眼睛可以看到光线，耳朵可以听到声音，鼻子能闻到和辨别气味，舌头能尝到和辨识滋味，皮肤能触摸和感知物体的温度及光滑程度。每个感觉器官对物体一种属性的反映就是一种感觉。

各种感觉器官都有它们各自的感受器，各种感受器都有最敏感、最容易接受的刺激形式，即用达到一定强度（感觉阈值）的刺激作用于某种感受器时就能引起相应的感觉。有趣的是，各种感受器把作用于它们的各种刺激形式转变为相应的传入神经末梢或感受细胞的电反应，不论来自何种感受器的传入神经纤维上的传入冲动，其实并无本质上的差别，这就是说，不同属性的外界刺激并不是通过不同电反应，更不是通过其他的生理机制以产生不同的感觉。医学和心理学的实验和临床经验都已证明，不同种类的感觉产生的两个决定要素其一是刺激的性质和被刺激的感受器，其二是传入冲动所到达的大脑皮层的终端部位。这是否意味着，人的视觉、听觉、触觉、嗅觉和味觉等五种感觉之间毫无瓜葛，互不相干呢？

人的各种感觉并非是孤立的，感觉之间不仅相互关联，并且相互作用。感觉的相互作用可以分为同一感觉之间的相互作用和不同感觉之间的相互作用。同一感觉之间的相互作用既可由刺激作用的时间顺序不同引起，如"入芝兰室，久而不闻其香"之类的感觉适应现象；也可以由感受器官的各部分受到不同刺激引起的感觉对比现象。如人的基本味觉有甜、酸、苦、咸、鲜五种，我们平常尝到的各种味道，都是这五种味觉混合的结果。有经验的厨师告诉我，一桌大餐如果从始至终食用盐的量维持在同一水平，那后面的菜吃到嘴里会越来越咸，所以后面的菜放盐量应该逐渐减少，甚至最后的清汤根本不放盐，但用餐者喝到嘴里也津津有味。这其中既有味觉的对比，又是对味觉适应特点的巧妙运用。

不同感觉之间的相互作用，是指一种感觉器官受到刺激而引起另外一种感觉器官产生感觉，或者感受性发生变化的现象。不同感觉之间的相互作用包括感觉补偿和联觉两种形式。我们自己平时应该有过类似的体验，例如在光线较暗的地方，耳朵的听力就要敏锐一些，皮肤也感觉在收紧，对环境的温湿度和空气流动也变得敏感起来。这就是对一种感觉的弱刺激会提高对另一种、甚至几种感觉的感受性；而强刺激会降低这种感受性，如人的眼睛在突然受到强光刺激时人们通常会急忙遮挡，与此同时人可能会出现对声音、温湿、方位等感觉的降低甚至丧失，即手足无措。这种感觉间相互影响的极端表现即感觉补偿，感觉补偿是指人的某种感觉能力丧失或降低后，为适应生存需要，其他感觉能力获得超出正常水平的发展以补偿缺失。最典型的例证就是盲人因丧失了视觉，其听觉和触觉比正常人要敏锐得多。

在心理学上将对一种感官的刺激作用触发另一种感觉的现象称为"联觉"现象。如"色—听"联觉，即对色彩的感觉能引起相应的听觉，例如看到苍翠的树林，耳朵对鸟叫蝉鸣马上变得敏感起来。另外，色彩在人们的心中又具温度感觉，红、橙、黄色会使人感到温暖，这些颜色被称为暖色；蓝、青、绿色会使人感到寒冷，这些颜色被称作冷色。故而人们在装饰房间时为增添情调，将卧室墙面涂上粉红色或米黄色的墙漆，而工厂的高温车间的墙面多数涂的是冷色调涂料，其作用除了耐脏，还有就是给人以凉意，起到降温的心理暗示。

我们在前面提到过，视觉、听觉、嗅觉可以接受远距离的刺激，又叫距离感觉。人可以根据物体的声音及其变化，辨别发声物体的性质及其方向、速度与距离。嗅觉通过长距离感受化学刺激，是外激素通讯实现的前提，因而是一种远感。如此比对，必须通过接触而产生的味觉就是一种近感。味觉的感受性和嗅觉有密切的相互作用，在失去嗅觉的情况下，例如人在感冒的时候，吃什么东西都没有味道，人在胃口大开的时候，对食物的香气会更加敏感。再加上视觉呢？"色、香、味俱全"是全世界人们都普遍接受的美食标准。由此可见，我们对嗅觉、味觉、视觉之间的互相作用和整合发挥的效能应该无须再辩了。

但在此时此处，我想截断一下读者的阅读和思维惯性，提请你回头阅看前文表一……从中你是否看到一个耐人寻味的进程描述，人的其他感觉器官和功能基本在婴幼儿阶段，即5~6岁之前都已发育完成，感官能力已与成人相当，而唯独视觉能力，却要到儿童阶段的10岁左右才全部完善到位：能正确判断距离和速度，能接住从远处掷来的球，即运动视觉发育成熟。视觉是人最晚完成发育的感觉，这是为什么呢？可能你马上能回答这个问题——人本身的生理结构和先天决定的身体发育进程决定的呗！我承认这个答案，有关资料显示，人的发育速度在1到3周岁的幼儿期较婴儿期缓慢，尤其在体格发育方面，神经系统发育开始减慢，脑的大小已达到成人的80%。由于活动范围渐渐扩大，接触事物增多，智能发育较前突出，语言、思维和应人应物的能力增强。从6、7岁入学至青春期早期（女12岁，男13岁）的学龄期，体格发育稳步增长，脑的形态已基本与成人相同，智能发育较前更成熟，控制、理解、分析、综合能力增强。但我认为并非全部。

我们不妨把视觉、听觉、触觉、嗅觉和味觉的相互关系，在前面已经列举的材料的基础上进一步拓展和梳理。相互配对之后，你还真找不出任何两种感觉之间完全没有联系的事例或场景。但是，你会发现你能想到的任何两种感觉之间的关系，绝大多数不能缺少视觉或联觉的参与或帮助。譬如听觉和嗅觉、味觉，如果从严格的仅限于两者之间的相互关系来看，基本上找不到可以实验证明听觉与嗅觉和味觉有相互作用的证据。但是，我们都会在听到火锅"咕嘟嘟……"的翻滚声时口腔里涌起唾液，舌头好像咂摸到嫩滑的涮羊肉，鼻翼也开始翕动，好像闻到了火锅里调料的香气，这难道不是听觉引起的嗅觉和味觉吗？诸如此类的例子还有很多。但是，请仔细再回想一下这种情况产生时，你的脑海中还出现了什么？——在调料丰富且滚烫的火锅里涮羊肉的场景。图像！是的，图像浮现在我们的脑海中！那图像从何而来？当然是视觉咯！类似的其他感觉的相互关系基本上都会有类似的机制，而且并非是视觉同时参与到听觉和嗅觉、味觉的情境现场，画面是以回忆的方式产生，回忆是由以前多次的视觉经历累积而成。在此，可以让另一个科学结论登场了：至少有80%以上的外界信息通过视觉获得，视觉是人最重要的感觉。

根据我的观察和研究，视觉是可以累积的，像知识和常识一样，并最终可以成为在大脑中无须刻意思索即可瞬间提取的成熟经验。你可能会说，这就是学习的过程嘛。对！学习过程，而放在人的成长阶段，这个累积的过程不就是发育过程吗?！通过判断距离和速度接住从远处掷来的球，这对一般成人来讲，只要不是经过专业训练的掷球、击球、抛球，基本上都能接住（棒球、网球、乒乓球、篮球、排球、足球专业等专业运动员抛击的球速非常快，很难接住），但对年龄较小的儿童来说的确不太可能，这并非他们的速度、力量的问题，最主要的是他们对速度和距离的判断经验不够。例如，幼儿和稍大点的儿童，在奔跑和行走时，会因为判断自己的速度和障碍物间的距离的能力不足而无法躲避奔跑路线上的障碍物，这种情况基本上在每个小朋友的身上都发生过。我们可以把这些现象理解成视觉发育未完成，但经过若干次碰撞，尤其经过对不同速度、距离的碰撞经验积累之后，类似情况在幼儿和儿童身上发生的机率就大大降低了，所以，把这种现象理解成经验积累应该是可以接受的。我认为，婴幼儿从看什么都新鲜到看什么基本都认识的过程是学习的过程，发育的过程，也是经验积累的过程。人"至少有80%以上的外界信息通过视觉获得"，相对于生理学对人的视觉要到10岁左右发育完全的判断，我更趋向于是人基本的视觉经验积累要到10岁左右才基本完成。是的，基本完成！专业的乒乓球、羽毛球运动员对于小小的乒乓球、羽毛球飞行速度、旋转方向、线路判断比正常人更加精准，是他们的视觉能力超出常人吗？是他们的视觉发育更加长久吗？除了在选拔运动员时注重视觉能力之外，我认为，更主要的是后天的训练使运动员的经验比一般人更加丰富。所以，视觉成熟得比听觉、触觉、嗅觉和味觉晚是发育的先后问题，更重要的是经验积累需要时间。

二、人类与图像

（一）人类认知的起源

人类能从其他动物中崛起而成为今日地球的主宰，应该归因于7000万年前，人类的先祖进化成灵长类动物——他们的大脑和躯干的比例略大于同代的其他动物的那次进化。约2.5亿年前，地球上的爬行动物开始形成可以对外界做出反应的大脑，但自然选择将机遇赋予了人类，尽管那时人类先祖的大脑离200万年前的猿人——真正被冠以"人"的大脑还相距十万八千里。这期间的6800万年又称为史前时期或前文字时代，是早期类人灵长类到早期猿人的进化时期，脑容量进一步增大，而脑容量与学习能力是相适应的。学习是从认知开始的，这就是说他们的认知在进步。对于这一时期早期人类认知外界的方式，考古学给出的证据是从世界各地所发现的材料共性中归纳推测的，主要靠信号、结绳、图画、锲刻、肢体动作等，思维方式主要是实物——具象思维。从考古学研究成果和证据来看，所有提到的材料，都清晰地指向人的一种感觉：视觉。因此可见，早期人类对外界的认知方式就是从图形、图画、图像（活动的连续图画）开始的，包括具象思维，早期人类的思维方式也是如此。

认知，请千万不要认为是一种单向的、被动的感知和接收活动。大脑对外界的反应，从神经医学早就定论的研究结果可以得知，就是对外界刺激的反馈，不过这种反馈的感知终端仍在同一个体之内。但作为依靠自身能力还无法利用好、使用好外界资源的单独个体，聚集成群并且开展合作，当然是唯一的选择，所以人类是群体动物的基因属性早在猿人时期就已经确立了。合作，还需要一个不可或缺的基础——沟通，或者说群体内个体间的信息交流。每一个个体面对的是同一个世界，同时同地看到的是同一个事物，但请注意！如此多的"同一"并不意味着所有个体的感知都"同一"，因此，沟通显得更为重要且必要。但他们如何沟通？这就要求大家必定要有彼此都认可、理解的载体或工具，而早期人类的创造力当然也只能从他们共同的主观能力和客观对象中获得，即依靠视觉能力对外界场景进行加工，再经过时间和群体内绝大多数个体的反复琢磨直到约定俗成，尖叫、喊叫→手势、面部表情、身体动作→结绳、锲刻、图画，一套由低级到高级，由简单到复杂，由人体本能到外界寄托的沟通载体开始形成，这就是图像系统。早期人类的认知开始由个体认知进入到群体认知，由个体有限的自我认知进入到可扩展的系统认知。

（二）口语对图像的加持

早期人类祖先开始具备发声的生理构造，但他们的唇、舌、喉的结构还没有进化到能够开口说话的水平，所以只能发出简单的声音，当然还是会有高低、缓急的音调变化。不应忽略的是早期人类祖先的大脑条件也不足以支撑复杂的思维，这才是最重要的制约因素。直到9万年至4万年前，克罗马农人（属于晚期智人，可以说是现代人的祖先）出现并开始说话，人类的口语时代到来了。这主要是基于不断扩大的群体性图像系统对早期人类大脑进化的不断促进，基于图像系统对早期人类发声的认同趋近，基于不断的发声实践对早期人类生理系统进化的长期作用。人终于能说话了！无论从主观上讲还是客观上论，图像对早期人类说话起着决定性的推进作用，紧随其后，早期人类的口语对图像成为人认知世界最原始、同时也是最重要的两种工具之一，使出了扛鼎之力！

图像因其经历的表意进化发展时间较长，其赋义功能更加完备并经过了群体的约定俗成，依靠视觉可以传达，因而图像成为人类最早的语言。但早期图像因为当时工具和载体的材质、运输等因素限制，在群体内和群体间的使用极为受限，而当时的晚期智人的大脑已经发展出了抽象思维的功能，开始使用符号→分析现象→构造概念→提炼理论——人类文明最根本的来源，更加迫切地需要认知和沟通工具的便捷性和随身性，人体的另一个原生功能就马上被开发、发展并运用起来，即发声，最终促使口语的形成。上一段落我已经分析过口语是以图像为发生动力、参照母本，再加上生理结构的适应性进化而形成的。虽然最初的口语——人类的早期语言极其简单，既无法传达日渐复杂的意义，也不能进行复杂思维，但随着当时人类语言能力的成熟和生存实践的需要，他们创造了更多的表现方式和更加完善的语言程式。这种口语向语言的发展既是当时人类的智力能力所能支撑的，反过来又促进了大脑的进化完善，大大提高了人们认知、改造和适应世界的能力。

不难想象，口语出现之后，图像系统被进一步丰富、完善、加固和推崇。图像表现的是世界的感性表现形式或者说是表象，但当时的人类的智力和抽象思维能力，尤其是群体向社群、社会的人际结构模式演进，单纯的图像系统已经不能满足人类的需要，而口语恰巧填补了需要。口语针对群体已经广泛认定的图像可以规定描述，进而确定范式，再进一步可以抽象归纳，之后人与人之间渐渐可以无须图像而仅靠口语进行沟通交流了，口语发展到这一阶段已升级为具有一定概括和归纳能力的初级语言了。反向推理，虽然只是初级的语言，但对图像带来的促进作用更是巨大。首先，语言这种随身的声音符号可以校正个体的人之间对图像的认知差异，协调不同群体间对图像系统的规范，使图像的一致性为更多群体、社群普及并最终为社会公认，夯实了图像作为认知的统一范本的地位；其次，语言的抽象功能使得人的智力能力发展到使用概念、理解图像、依靠记忆进行判断和思考的层级，而所有这些思维活动的依据仍是具象的图像，所以图像使人类思维的本质性被进一步固化；其三，正是语言和人类大脑的抽象思维相结合，使得最初只是看重直观性与愉悦性的图形、图像发生了"化学反应"。用一个现代人的例子去"度先人之腹"吧。两个人站在江边面对着浩瀚奔流的江水，一个人激情豪迈，高声感慨："滚滚长江东逝水，多少英雄豪杰！"而另一个人愁容满面，低声感叹："问君能有几多愁？恰似一江春水向东流。"图像同一，如果这两个人都以视觉感性所获的表象去唤起记忆中的信息，那就应该得到相同的感受啊?! 但我们都明白，际遇和心境不同，即使面对同一景物，有人欢喜有人愁就太正常不过了。如果图像表现的是世界的感性表现形式，或者说是表象，但当它的意义由初衷发生了转变、演绎、拓展后，视觉对图像的感知就进入认知乃至更高的认识层级，其赋义也被扩充，视觉文化开始出现。视觉文化以表象为自己主要的表现对象，但视觉文化并不仅仅表现表象，它在表现表象的同时，也必然要表现一定的思想。所以，语言使图像的内涵由最初的直观单一变得纷繁复杂，图像由最初的只能表形或只能表意，扩展成既可表形又可表意，还可以形意兼得了。

经过口语的加持，图像在人类认知活动中的地位已经不可撼动了！

（三）当然是图像！

现今世界范围内考古学发现的众多远古时代留存下来的图像，有相当数量的遗存是口语时代的原始图像，这些原始图像既有人体装饰、陶器纹饰，还有史前雕塑和远古岩画，题材广泛包罗了自然、社会、天文、地理、狩猎、农事、祭祀、礼仪、生殖和战争。这些原始图像和语言的关系鲜明地展现出"以图言说"的语图关系特点，即用图像表达人类的所见所闻、所知所行、所想所信。你可能会反问,凭什么认定这些图像就是口语时代的呢?我虽然也有过这样的疑问,但"以图言说"的画面构成让我很快释然,用画面表达人的思维活动不就是答案吗?!所见所闻、所知所行、所想所信——抽象思维就是伴随口语而发展的。当然还有诸如考古学中放射性碳素的断代测试等科技手段的检验,对这些原始图像的年代确定应该不成问题。

图 1-1　法国拉斯科洞窟中的动物壁画(距今 15000 年左右)

https://baike.baidu.com/item/法国拉斯科洞窟壁画

洞窟内一个井状坑底部一块突出的岩石上,画着一头野牛正冲向一个鸟人,鸟人附近有一只鸟站立枝头,野牛身体被一枝矛刺穿,腹下流出大量的肠子但还在拼命地挣扎,向人冲去。图中的人物长着鸟头或是戴着鸟冠,双手各生长着四个指头,脚下还残留着矛棒的断片,似乎因狩猎而受伤。有人认为鸟人是伪装成动物的猎人,有人认为是巫师正在为祈求狩猎的丰收施行巫术。学者们认为该画可能是在表现某种观念,或者有某种纪念性目的。

1940年在法国西南部道尔多尼州乡村发现的拉斯科洞窟壁画，简直就是一个庞大的原始人画廊。拉斯科洞窟由一条狭长且宽窄不一的通道组成，其中有一个外形不规则的、后来被命名为"野牛大厅"的圆厅最为壮观，洞顶画有65头大型动物形象和一些意义不明的几何图形，有从2米到3米长的野马、野牛、鹿，有4头巨大的公牛，最长的约5米以上，堪称惊世杰作。考古研究表明其距今已有15000年左右，被誉为"史前的卢浮宫"。"野牛大厅"里一幅绘有鸟人与野牛的壁画中，鸟人图案有人认为是伪装成动物的猎人，有人认为是巫师正

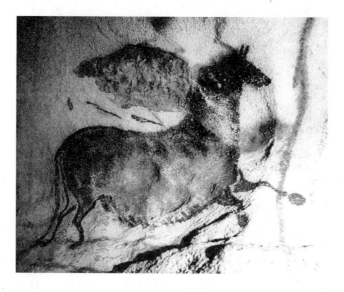

图1-2 中国马

https://baike.baidu.com/item/法国拉斯科洞窟壁画

其因形体颇似中国的蒙古马种而得名。画中的马正处于怀孕期，这与祈求增殖的观念有关；马的造型轮廓分明，线条流畅，比例适当；制作时巧妙地将岩石的高低变化与雕画结合，尽管是采用单色平涂，却取得了立体效果，有一定的体积感；在色彩的处理方面也有其独到之处，大面积的马身着明亮的黄色，马鬃涂黑色，形成明快的对比。

在为祈求狩猎的丰收施行巫术。学者们认为该画可能是在表现某种观念，或者有某种纪念性目的。又如1979年冬在江苏省连云港市海州区锦屏镇桃花村锦屏山南麓发现的将军崖岩画，被认为已存在了7000年，是中国迄今发现的最古老的岩画。岩画上的人面像、天象图和动植物（农作物），以及它们的空间布局和联结线条等，有人认为体现了原始先民对土地、造物神以及天体的崇拜意识，有学者说是古代先民文面习俗的遗留，还有学者说是"最早的观星测象台"，众说纷纭，各有理据。

图1-3　游泳的鹿群

https：//baike. baidu. com/item/法国拉斯科洞窟壁画

洞穴艺术家们用有色的土和石头研磨成粉末状，然后用水调剂成液态或膏状的颜料，用红色、黄色和更多的黑色点染出鹿群的轮廓。

鸟人与野牛岩画中的鸟人是伪装成动物的猎人以便狩猎时接近猎物？这并非孤例，在我国鄂伦春族至今仍有戴狍头帽狩猎的做法。是表现某种观念或纪念某人某事？类似的画例在另一些洞窟岩画中也可以找到，如稍后时代的非洲岩画。还有学者把连云港将军崖岩画与"后羿射日"的神话和彗星撞地球的史前天体事件关联，每种解读都能找到类似遗存加以佐证。在文字发明之前的口语时代，图像符号成为了原始人表达他们对于世界的指认，记录自己的宗教信仰，描述他们的社会生活和内心世界的方式。以上列举的原始图像就是以"语图一体"，"语－图"关系在口语时代的基本形态表达他们的认知和信仰，不论今天的我们能否解析它们曾经的含义，但它们真切记录了来自远古的信息。

图1－4　江苏省连云港将军崖岩画（距今约7000年）

图片来源：https：//baike. baidu. com/item/将军崖岩画

位于江苏连云港市海州区锦屏镇桃花村锦屏山南麓的后小山西端，在南北长22.1米、东西宽15米的一块混合花岗岩构成的覆钵状山坡上，分布着三组线条宽而浅，粗率劲直，作风原始，断面呈"V"形，面壁光滑，以石器敲凿磨制而成的岩画。这是中国迄今发现的最古老的岩画，是东南沿海地区首次发现的岩画，是唯一反映农业部落原始崇拜内容的岩画。

论述及思考至此，究竟什么是图像？图像包含哪些东西呢？看似简单，但确有必要咬文嚼字一番了。图像是人类视觉的基础，是自然景物的客观反映，是人类认识世界和人类本身的重要源泉。"图"是物体反射或透射光的分布，"像"是人的视觉系统所接受的图在人脑

中所形成的印象或认识。① 我认为
"图像"从通俗易懂的角度理解，
"图"就是平面的、静止的画面，
"像"就是活动的画面和立体的场
景，现代艺术领域还将图像称之为
视觉艺术。图像包括下列几种事物
形式：

图1-5　将军崖岩画

此图为上图左下角局部

1. 静止的平面绘画、图片、
照片；

2. 活动的平面图像，如电影、
电视、视频等；

3. 静止的立体形象，如雕塑、
建筑、全息摄影等；

4. 活动的立体影像，如立体电
影、立体电视、木偶剧、舞蹈、戏剧、人体艺术等；

5. 虚拟现实的图和像。

自然之母选择了人类，人类选择了图像。从现代人的美学原理和
美术理论的角度审视原始图像，虽然它们不讲究透视，但却是原始人
内心意念的直观的线条书写；虽然它们不讲究比例，但却是原始人以
他们的空间原则对世界和环境直接的分寸把握；虽然它们影色斑驳，
设色迷离，但却是原始人对所见所思的色彩陈述。即便今天我们依旧
为之震惊，谓之"天书"，名之"神迹"，我们毫不怀疑远古的人们早
已揣摩过这些图像如何为我所用，为人所知。莱辛在《拉奥孔》里写

---

① 　https：//baike.baidu.com/item/图像

道："在绘画里一切都是可以眼见的，而且都是以同一方式成为可以眼见的。"所以，约定俗成的规定性，光、色、影的赋义之约，还有以之为母本的口语嬗变，为之加持的语言流传……原始人一直在摸索，一直在探寻。否则，后来的文字何以诞生，渊源的传统何以承继，文化的浸润何以承载，文明的星火何以燎原？莱辛还写道："颜色并不是声音，而耳朵也并不是眼睛。"① 虽然今天我们无法再听到早期人类的语言，但从考古发现的原始图像所记载的信息，却可以看出人类进化的轨迹，看到智人到现代人逻辑思维演绎路径的贴近性，看到作为母本的图像为语言所力挺的骄傲。

人的认知何以为始？当然是图像，这一自然之母的选择——人，之选择；也只有图像——这一自然之呈现，人的本能之选择，才繁衍出了当代之世界！

文字的底色

《淮南子·本经》中记载："昔者仓颉作书，而天雨粟，鬼夜哭。"这个"仓颉造字"的上古神话广泛流传至今，恐怕不知道的人不会太多吧。信手随笔或累牍板书的现代人又有几人对随手随意随时都在使用的文字，真正思考过它们的起源肇始？品鉴过它们在过往的岁月长河中所造成的时代变迁、国家兴衰、家族沉浮？体验过因字成谶、因文兴运的个人命运转圜？透过字里行间，我们是否真的看清楚了文字的底色？！

---

① ［德］莱辛著，朱光潜译：《拉奥孔》，人民文学出版社，1979：135.

"天雨粟，鬼夜哭。"作为黄帝史官的仓颉通过牛羊虎兔的蹄印受到启发发明了文字，为什么惊天地，泣鬼神呢？是因为仓颉创造了文字，可以让人们传达心意、记载事情而值得庆贺？是因为有了文字，民智日开，民德日离，欺伪狡诈、争夺杀戮由此而生，天下从此永无太平日子，连鬼神也不得安宁而哭了？无论上古时期还是古代的中国内外，最先掌握文字的种族，他们的发展和积累的文明都已在人类史上留下了灿烂辉煌；对个人而言，识文断字曾经是贵族与平民、统治和被统治的阶层分野；从清代康雍时期"清风不识字，何必乱翻书"的"文字狱"到土财主和教书先生的"塾师契约"，① 文字的威慑与戏谑尽在掌握它们的阶层和人的一念之间！

识字和基本的读、写、理解在现代中国好像不成问题，但大家可要知道我国"扫盲运动"是自新中国成立之后开始，到21世纪初才基本实现。2001年3月28日，中国国家统计局公布的2000年第五次全国人口普查主要数据显示：中国大陆31个省、自治区、直辖市和现役军人人口中，文盲人口（15岁及15岁以上不识字和识字很少的人）是8507万人，同1990年第四次全国人口普查相比，文盲比率已由15.88%下降为6.72%。而青壮年文盲的比率已下降到了5%以下，从而实现了我国政府90年代初提出的"到20世纪末基本扫除青壮年文

---

① 塾师契约：民间故事。很久以前，一土财主想请一教书先生教育子弟，多位先生前来应聘，财主询问各位先生餐食要求和授课酬劳要价几何，先生们各自开价，其中一位书写了个文书递给财主，略识文字的财主接过一看大喜，马上在上面签名画押聘用了他。契约写着："无鸡鸭可也，无鱼肉可也，小菜豆腐绝不可少，不得酬劳分文。"吝啬的财主为找到一个不用付出酬劳且以如此简单的饭菜即可打发的教书先生喜不自禁，开课后财主每日三餐均以小菜豆腐伺候。一月后先生怒气冲冲地来找财主索要薪酬，而且要双倍。财主不悦，将契约递过去说："这是你自己写的契约，你自己念。"先生接过去念道："无鸡，鸭也可，无鱼，肉也可，小菜豆腐绝不可，少不得酬劳分文。"原来古代写文章没有标点，吝啬且不通文墨的土财主断句时把意思完全理解错了，只得认栽。

盲"的重要目标。一个拥有13亿人口的大国,一个经济尚不发达的发展中国家,经过近50年的不懈努力,使文盲比率由1949年中华人民共和国成立初的80%以上下降至2000年的6.72%①。反观现今世界上文盲率最高的国家大多分布在西部非洲,这些国家同时也是世界上最为贫穷和落后的国家。对比今日中国之强盛,这些国家的落后非自然资源的贫瘠(其中有些国家物产丰富),文盲率在60%~84%以上导致国民素质低下,科技和文化不发达才是关键。中华民族今天真正地崛起于世界民族之林,可以说,持续了半个世纪的"扫盲运动"和九年制义务教育的立法居功至伟。

文字的出现绝非一蹴而就,文字的作用绝不简单。文字的发明和使用是人类发展史中最具决定意义的成就和里程碑。因为文字,人的生存状态开始向生活形态靠拢;因为文字,人类社群开始向人类社会迈进;因为文字,人类累积的琐碎认知开始向知识殿堂膜拜;因为文字,人类的精神世界开始构建,文化和文明得以传播;因为文字,人类眼中的世界开始由纷繁、杂乱、神秘变得和谐、有序、多彩。

透过字里行间,穿越文丛字林,文字的故事难道不是一部史诗值得吟诵不倦?文字的底色难道不是一道风景值得品鉴万般?

一、文字何来?

(一)文字的准备

文字起源于图像,这是个不争的事实。传播学鼻祖威尔伯·施拉姆(1907-1987,美国)认为,用图像传递信息太过复杂而且不规

---

① 国家统计局:《2000年第五次全国人口普查主要数据公报》,新华网,北京,2001年3月28日。

范，因而人类觉得"有必要把图像抽象化以及使词语符号比别人能听到的转瞬即逝的几秒钟持续更长的时间"，① 于是便产生了文字。看似轻描淡写的一句话，文字的产生，其实一点都不轻松。

文字产生之前的旧石器时代（距今约 300 万年前到距今 1 万年左右），人们为了便于记忆和传递信息采用了各种各样的记事方法，最原始的记事方法有结绳记事和契刻记事。结绳记事就是用绳子打结表示和记录数字、方位或其他一些简单概念。而且他们在用一根绳子打结的基础上还发展出大事记大疙瘩，小事记小疙瘩，用多根绳子横竖交叉，疙瘩的多少也代表东西的多少等规则。如"事大，大结其绳；事小，小结其绳，之多少，随物众寡"（《易九家言》），即根据事件的性质、规模或所涉数量的不同结系出不同的绳结。《易经·系辞下》："上古结绳而治，后世圣人易之以书契。"古人怎样"结绳"，怎样"结绳而治"，现在无从知晓，但从美洲印第安人以绳子为单位，根据需要打结，最多可打九个，打在两根相邻绳子上的结表示十位数，三根则表百位数，依次类推的方法和"印加人有组织严密的行政系统。每一个城镇和农村都有结绳官员，负责结绳，解释其含义，并按要求呈报有关资料"（《结绳记事》）的描述，我们或能揣测些端倪，而且在地球上一些偏远地区的原始部落中，结绳记事还在使用。但结绳没有跟任何一种语言关联，即它只是在文字诞生以前人类使用过的一种记数、记忆和起提示作用的工具，可以传递一些客观信息，却不能进行主观思想层面的交流，所以结绳记事不可能导致文字的产生，但可以将它看作文字产生前的准备期。契刻记事是人们将数目用一定的线条做符号，用契刻的方法刻在木片或竹片上，作为双方的约定。后来

---

① ［美］威尔伯·施拉姆、威廉·波特著，何道宽译：《传播学概论》，新华出版社，1984：11.

人们把契从中间分开，作为两半，双方各持一半，以两者吻合为凭据（这也是现代词汇"契约"一词的由来）。由此也可见，古代契上刻的数目主要是用来计数或做债务凭证的。

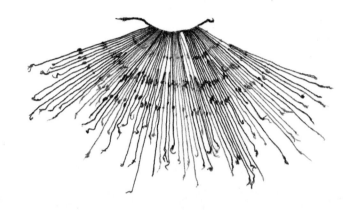

图 1-6 居延汉简

图 1-7 结绳记事实物

图片来源：http：//image. baidu. com/结绳记事/契刻图片

由于结绳记事和契刻记事不能满足人们思维活动外向传播和沟通

的需要，人们又将目光聚焦到了图像。当时的人类基本能掌握绘画的简单技能，虽然只是一些动物、人像和简单事物的勾勒，但用于简单信息传递基本可以做到。随着时间的推移，这样的图画越来越多，越来越复杂，而且人们对于绘画技能的掌握能力也有高有低，图画不那么逼真在所难免，但这种偏差却导致了另一种图画的出现（或者说是一些思维能力和认知水平更高的人发现并思考出了另一种方法），尽量用最简单、尽可能多的人都能掌握的方法勾画图画。这样的图画逐渐向文字方向偏移，图画分化成原有的逼真的图画和变成为文字符号的图画文字。图画文字的绘画技术演变成更加简单的书写方式，书写不需要逼真的描绘，仅需要大致不错地把特点写出来，让其他人能认识就够了。于是，最终导致文字从图画中分离出来，这就是原始的文字。然而，如果认为文字就此产生那也未免过于简单了。这种通过图像反映文字形成的"形意文字"，虽然能表示一个大致意义，但还不能算真正的文字。不过，"文字画"和"图画字"确实为文字的起源奠定了一个重要的物质基础。文字的诞生的确需要一个漫长孕育的过程，这就是一定的图形跟一定的语言单位建立起一种确定的关系：从当初的不确定，到比较确定，到完全确定的过程。这当然，也应该是一个漫长的过程，好在那时的世界对时间一点都不吝啬，它在等待另一个文字的伙伴：语言。图画要发挥文字的作用，转变成文字，只有在语言被广泛使用之后才有可能。

（二）文字的诞生

一定的图形跟一定的语言单位建立起一种确定的关系，这即意味着"人类学会了将声音和所指的对象分离开，便产生了语言。之后，人们又学会了将声音同发出声音的人分离开，从而使它们便于携带，这便产生了文字".① 约从公元前 5000 年左右开始，两河流域、埃及和中国所在的区域开始出现系统性的文字体系：

- 公元前 4000 年，古代两河流域和埃及出现图画象形化、表形化的早期象形文字；

- 公元前 3500 年，我国殷王朝出现甲骨文；

- 公元前 1700 年，波斯湾以北地区的苏美尔人发明了楔形文字；

- 公元前 1200 年，希腊发展出人类第一套完整的字母文字系统。

1. 象形文字的产生

古埃及文明开始于公元前 3000 多年以前，古埃及文字即最早的象形文字应该早已出现了。古埃及的象形文字系统中，每一个字或代表一个观点，或代表一个概念，或者代表一个事物。在实际的应用中，文字的书写者和接受的人都必须掌握大量的象形字符。而且由于使用的场合和阶层不同，这套文字系统还分化成碑铭体（通常用于雕刻神庙、金字塔石碑和纪念塔上的铭文，装饰性较强）、僧侣体（起初为僧侣使用，后来专门用于书写宗教经典，书写快捷，外形与碑铭体区别较大，但内部结构完全一致）、平民体（又称书信体，后来成为常用字体，是僧侣体的进一步简化，但内部结构没有改变，广泛用于书信、文学著作等日常文化活动）等不同的字体，但也仅仅是字体不同，文字的性质和功能并没有什么不同之处。古埃及的象形文字基本属于表意的文字或者说是意音文字，因为使用起来并不方便，加之外族入侵统治时期的文化压制，后来并没有进一步演化成完全的表音文字，最终都消亡在历史的长河之中。

---

① 胡正荣：《传播学总论》，北京广播学院出版社，1997：68.

图 1−8 出土的古埃及象形文字实物

图 1−9 古埃及象形文字拓片

图片来源：http：//image. baidu. com/象形文字图片

2. 汉字的产生

汉字的起源在学界有着诸如结绳说、八卦说、刻契说、仓颉造字说、刻划说和图画说等众多观点，但最终成型为系统并开始广泛使用，也是现代可考可见的应当就是 1928 年殷墟考古发掘出土的甲骨文片，这也是我国迄今为止可以认定的最早的文字和记录载体。据考证，甲骨文是在约公元前 14 世纪的殷商后期初步定型的文字，它是以写或刻的方式留在龟甲或兽骨上的文字，主要用来占卜，也有的是用来记事。

甲骨文是汉字的前身，是世界三大最古老的文字体系之一。甲骨文的发现不仅证明古老的汉字没有受到任何外来民族的影响，是中华民族祖先的独立发明创造，而且通过对出土的 10 万多片甲骨、近 5000 个单字的研究，发现最早的这些文字就已经具有严格的规范，而这些规范又进一步印证了中国古代独立的文字造字法则。

我国古代汉字的造字方法基本可分为象形、指事、会意、形声、转注、假借等，我们现在使用的汉字中有很多都是象形字、形声字和会意字。甲骨文既是象形字又是表音字，祖先们在创造甲骨文的时候大多是从图画文字中演变过来的，所以甲骨文的象形程度比较高，又因为是刻在坚硬的兽骨上，所以笔画比较细，直笔比较多。汉字音、形、意分离组合的造字原则，对不同发音的语言适应性极强，不同民族、地域和口音的人对同样的字尽管有着不同读音，但字形不变，核心意思也不会改变。汉字的这一造字原则不但对中国历代封建王朝的稳定、更迭，对中国传统文化核心要义的有序传承和发展具有决定性的意义，从另外一个角度也说明汉字的起源不是单一的，而是经过了多元的、长期的磨合，华夏先民们在广泛吸收、运用早期符号的经验基础上，创造性地发明了用来记录语言的文字符号系统。

图 1-10 甲骨文片实物和甲骨文字

图片来源：http://image.baidu.com/甲骨文图片

　　汉字作为世界三大最古老的文字体系中唯一仍在使用，并且成为全球使用人数最多的文字，延续至今经过了6000多年，其旺盛的生命力除了中华民族勤劳、图强、坚韧的民族特质，因时应势的变化也是其存在不可或缺的理由。汉字的演变过程大体是：甲骨文（商）→金文（周）→小篆（秦）→隶书（汉）→楷书（魏晋）；在汉代人们为书写简便，在隶书的基础上演变出草书，到了东汉末年，介于楷书、草书之间，人们又演化出行书，以解决楷书书写速度太慢和草书难于辨认等不足，所以说行书是楷书的草化或草书的楷化。这七种字体合称"汉字七体"。汉字的形态虽也经历过几次不同时代的大规模文字简化运动，除了极个别特别烦琐难写的字变化较大外，现代汉字的字形和写法基本是以出现于东汉，发展于魏晋时期，成熟于唐代的楷书为准。字形变化可参看下面的范例：

图1-11

图片来源：http：//www.vividict.com/象形字典

从诞生起绵延至今连续使用的汉字不仅只有中国使用，汉字在很长时期内是东亚地区唯一的国际交流文字，现在全世界使用汉字和汉语的人数约有 16 亿。汉字在世界历史上，还被作为其他后发明文字的起源。直到 20 世纪前汉字仍是日本、朝鲜半岛、越南、琉球等国家的官方书面规范文字，越南、朝鲜和日本都曾经用汉字来记录他们的语言。我们的近邻韩国制定了官方的朝鲜汉字使用规范，日本人不但以汉字为基础自行简化制定了日本新字体，他们至今还使用汉字和假名的混合文字，并且在使用汉字的同时还创造性地将文字和语言进行全新的"排列－组合"：写中国字，读日本词，其中很多字与我国的字形和含义完全相同，既表形，又表意，不表音。从这个层面我们是否可以这样认为，汉字在一定范围和区域内，就像数学符号一样成为国际通用的语言符号了呢？

3. 楔形文字的产生

公元前 3000 多年前，两河流域（现属伊拉克）的苏美尔民族率先进入成熟的农业社会，为了适应社会生产的发展，苏美尔人发明了一种以图像为基础的象形文字，后来经过字形简化和抽象化，直至逐渐由多变的象形文字统一固定为音节符号，于公元前 1700 年左右基本定型，即古苏美尔文字。这种文字用削尖的芦苇管或木棒在软泥板上刻写，软泥板经晾晒或烘烤后变得坚硬，不易变形，便于保存和运输。由于这种文字刻画在泥板上的线条笔直形同楔形，因而被称为"楔形文字"。楔形文字用字符代表一种具体的声音，而不是像古埃及文和甲骨文一样指代观点、事物和概念。这种文字最大的特点也是最大的优点，就是用少量有限的符号（简化和抽象化的结果）表示组成音节的声音，而不需要成百上千个单独符号去对应不同的事物和观念，所以人们只需要记住 100 个左右代表不同音节的符号。

图 1-12 楔形文字实物（古巴比伦三角函数题）

图 1-13 楔形文字实物（黏土板）

图片来源：http：//image. baidu. com/楔形文字图片

　　楔形文字从表形向表音的变化，极大地方便了人们识字和交流，后来的阿迦德人、阿莫里特人、亚述人都采用了这种楔形文字。后因战乱频仍导致了两河流域的古文明消亡殆尽，古老的城市连同印有楔形文字的泥板或被毁坏，或埋入地下，再也无人知晓，直到 18 世纪和

19 世纪的考古发掘才使这一古代文明重见天日。

二、文字何往？

（一）文字的歧路

爱因斯坦在相对论中预见性地提出过"时间弯曲"现象及描述"当物体在强引力场中以接近光速的速度运动时（比如接近黑洞），时间也会随之发生变化"，文字的发展和演变在时间隧道中是否也随着时间发生了"弯曲"呢？

上面所述的世界三大古文字体系如果按照一般的逻辑理解，如果没有消亡的话就应该沿着形、意、音兼表，尤其偏重于形状和结构的方向发展演变，如汉字。但我们都知道，当今世界各国使用的文字分为两大类，即非拼音文字和拼音文字，汉字是非拼音文字的典型代表，希腊和英国、法国、俄罗斯等国的文字属于拼音文字。拼音文字，就是用有限数量的、具有标准写法和发音的字母系统，以数量不等和不同顺序的字母前后拼接，按照一定发音规则读音，以指代或描述不同事物、概念、思想的文字体系。拼音文字是如何产生的？何时产生的？它与象形文字、汉字、楔形文字是怎样的关系呢？

《大唐西域记》中有关于梵文字母是创造宇宙之神大梵天所创造并授予人类的记载，当然只是传说，腓尼基人创造字母却基本已成可考的定论。据考证，楔形文字和古埃及文字在向周围地区扩散的过程中，来自两河流域的楔形文字和来自尼罗河流域的古埃及文字在地中海东岸的中东地区相遇，这一区域也就是腓尼基人——闪族人的一支大约在公元前 2000 年生活的范围。腓尼基人天性喜欢接受新鲜事物，对于有利于自己的事物来者不拒，对于不符合自己喜好暂时却又无可替代的东西既不拒绝也不墨守成规，而是善于根据已有的条件和自身的习惯做出变通。他们在地中海沿岸建立起城邦制国家，是最早从事海上贸易的民族之一。他们在频繁和不断增长的与不同种族的贸易交往中，常被没有自己的文字所困扰，谈价、论质、记账、通信等信息交流活动很受影响，因而不得不借助两河流域的楔形文字和尼罗河流域古埃及的象形文字。两种文字虽然解决了腓尼基人的文字和语言缺失，但两种文字的复杂和烦琐也让他们很是头痛，要学好并完全掌握还是需要花费很多的时间和耐心。他们之中一些熟悉并较好地掌握了这些文字的人，开始思考如何变通，他们从两个方面开始了他们对原有文字的改造，一是简化和规范烦琐的表意字符，二是规范或另创表音符号。经过不断的摸索和实践的磨合，腓尼基人最终放弃了原先的文字系统，转而自创出一套虽不优美（相比于古埃及文字华丽的碑铭体）但却有效，抛弃烦琐，书写更加方便（只需有限且形式简单的字母），发音规律易于掌握的文字体系，从而开创了一种全新的文字——腓尼基文字，拼音文字的前身。

腓尼基文字是字母式的表音文字，其只写辅音而忽略元音的记录方式在使用时简单方便，书写快捷，发音有规律可循，学习起来也不那么复杂，因而很容易为其他语言所借鉴。腓尼基文字很快就向周围扩散传播，而传播也加速了这种新生的文字向更加合理、更加规范的系统演变，最终成为成熟定型的拼音文字体系。腓尼基文字在传播和演变中形成了四大字母系统文字，分别为：婆罗米系列字母、拉丁字母、斯拉夫字母、阿拉伯字母，因此可以确定地说，腓尼基文字就是后来字母式字符的前身。

表二　拼音文字字母类型及使用分布

字母类型	使用区域
婆罗米系列字母	印度、尼泊尔、孟加拉国、缅甸、老挝、泰国、柬埔寨、中国西藏地区等
拉丁字母	英国、法国、意大利等
斯拉夫字母	俄罗斯、保加利亚、塞尔维亚
阿拉伯字母	阿拉伯国家

来源：作者根据相关资料总结自制

　　可能有细心的读者会问，鼎鼎大名的希腊字母呢？希腊字母的祖先——迦南字母（Canaanite）和阿拉伯字母的祖先——阿拉马字母（Aramaic），分别是腓尼基文字向西传播演变的迦南 - 腓尼基字母系统，希腊字母由此演变；向东传播演变成为阿拉马字母系统，阿拉伯字母演变而成。特别要指出的是，希腊和阿拉伯字母在演变和形成过程中都借用了小方闪米特人（Semites）的文字（小方闪米特字母），而这种字母是借用了苏美尔人（Sume）的楔形文字经过改造而成。再后来又由希腊字母改造，分化出拉丁字母和斯拉夫字母（又称基里尔字母）。

　　细说完拼音文字的诞生和演变历程，你是否有一种山重水复，歧路辗转的心理感受。汉字是汉族先民创造的，象形文字是埃及人创造的，楔形文字是苏美尔人创造的，世界三大古文字系统除汉字以外，其他两大文字系统都已经消亡，以至于当今世界的文字分为以汉字为代表的非拼音文字和拼音文字两大类。字母，字之母？究其根本却是在文字成熟 2000 年后才产生的，准确地说，字母是文字家族中的儿子或孙子。

　　拼音文字的诞生和演变历程到底是文字演变的歧路，还是人类发明文字、掌握文字、使用文字过程中的另一种选择呢？通过学习和研究文字产生和发展的历史，梳理古文字系统和现代文字的演进脉络，我更倾向于拼音文字的出现，是文字在时光隧道里的弯曲。爱因斯坦对"时间弯曲"的描述是：当物体在强引力场中以接近光速的速度运动时（比如接近黑洞），时间也会随之发生变化。以万年、千年的尺度衡量人类文明的发展，文字6000年的发展历程在宇宙演变以亿年为单位的时空中不就如白驹过隙?! 如果能驻足浩瀚银河俯瞰蓝色地球，任何硕大无朋的文字都渺若沙尘，大尺度大视野下的文字进化不就如光速般接近黑洞的时间吗？时间都会弯曲，光线也会弯曲，文字就不会吗?! 黑格尔认为，凡合乎理性的东西都是现实的，凡现实的东西都是合乎理性的。于是在他的著作《法哲学原理》里面就有了那句著名的话语："存在即合理!"

文字，作为人类发展史上最具意义的成就之一，在人终于脱离原始、屹立于生物链顶端，创造出这个星球上独有的文明奇迹的过程中不可或缺。它既是工具，也是载体，合适于人类使用就是其存在的最大理由。所以，它以任何形态存在是时间的选择，是实践的选择，是人类的选择。条条大路通罗马! 不论是非拼音文字还是拼音文字，不论是汉语还是外语，都是为人类发展做出过贡献、至今还在推动人类文明前行不止的工具和载体。歧路终于同归大道，弯曲终于扭转乾坤。文字还在发展向前!

（二）文字的前路

因为文字的出现，人类从"口语时代"进入到"文本时代"，它弥补了口头语言时空障碍的缺陷，相比结绳记事、契刻记事，"以图言说"被"以字言说"取代或增补强化。文字规范有序，便于携带，可以长期保存，所承载的信息由简单、直接变得复杂、深刻，其能指和所指的准确对应绝非"图"能相提并论（特殊情况和特定场景除外）。文字善于描绘、叙述、抽象，根据使用者的需要可以随意地进行组织、编排。文字易于对事物进行抽象化、概念化、程式化的特点，为语言表达提供了无限自由的空间，为文字应用提供了无比广阔的范围，为语言和文字因时应势的发展与进化提供了无穷的空间。因此，文字书写理所当然地成了人们文字记载、语言记忆和非口语言说的基本形式。

1. 造纸术和印刷术对文字的影响

文字的发明和演化过程其实一直还伴随着人们对文字载体的找寻、改造和发明过程。文字载体由软泥板、岩石、崖壁、兽骨、木片到兽皮、莎草纸，人们不断抛弃沉重、粗糙的记录载体，竭尽所能地寻觅轻便、可靠、方便的可写之物。其中造纸术和印刷术的发明对文字的扩散传播，对文字特点淋漓尽致的展现，尤其对文字的终极意义——大众传播的实现，具有决定意义。公元 105 年之后的中国正值东汉，蔡伦用树皮、麻和渔网造出了纸，使当时的中国率先开始扔掉竹简，收起丝帛。到公元 5 世纪，纸在中国已经被广泛使用，又过了三个世纪造纸术才被商贾带到阿拉伯，14 世纪时欧洲各国才普遍用纸书写文字，比我国将近晚了 1000 年。南北朝宋文帝时期，约公元 450 年时，我国就发明了雕版印刷术，宋朝庆历年间（1041—1048），工匠毕昇发明泥活字印刷术，活字印刷术经蒙古传入欧洲，德国人古腾堡摸索出金属活字印刷术已经是公元 1456 年。

造纸术发明之前，文字被局限在特定阶层使用，如统治者、贵族、僧侣、商人等，这不仅造成了文化和知识的阶层垄断，其实质就是对芸芸众生民智的开发的阻碍，从根本上阻碍着社会生产力的发展和社会整体的进步，对文字本身的扩散传播是不利的，尤其对文字适应于社会、适应于更多人的便捷使用不利，客观上限制了文字的合理进步演化和进一步的丰富充实，而这些阻碍自造纸术和纸张发明之后得以大为改观。首先，因为纸张的书写、保存、运输方便，材料来源促使制造和使用纸张的成本降低，使得文字的扩散速度得以极大提高，因而学字、识字、写字的人越来越多；其次，平民文化素质的提高必定带来生产力发展和社会进步的提速，更多更大的信息流量导致文化的进一步丰富；其三，由于更多人使用文字，原有文字的弊端、不足、错失将会得到更多来源的勘误、补充、纠正，一些原来没有的字词也被创造出来。造纸术和纸张使得文字体系的普及、使用、完善、进化得以实现，得以提速。

印刷术产生之前，人类社会的信息和产生的文化难以大规模复制，书写速度和印刷速度极大的差距无须比对就可知晓，这也是造成文字、文化阶层垄断及影响社会进步，妨碍文字演化的另一致命瓶颈。印刷术的出现不仅是人类规模印刷时代的开始，对信息传播的大众化、广泛化、高效能、高质量、准确性、对比性施加了强力刺激，尤其对文字本身的进化起到了强力的优化效果。

就以汉字的字形和写法的演变为例。汉字的演化趋势是由文字作为人类生产、生活和社会发展的工具这一属性所决定的。一方面，汉字为强化其表音、表意功能，在字形上就会有所繁化，还或需为义项的分工而进行分化，也将使字形繁化；另一方面，为书写简便、快速，则又将原先笔画较为复杂的字体加以简化，为便于辨识、学习和记忆，将原先较为烦琐的结构进行简化也是必要的。一繁一简，各有侧重，这两方面的要求产生矛盾在所难免，人们在使用中会根据使用的需要做出一些调整并相对规范，或是牺牲一些表音表意功能以实现简化，或者是为维护表音表意功能允许字形上有所繁化，最终达到便于使用的目的。然而这些调整和规范除非是大的政治变动所带来的大规模社会变革，有强权推动的文化变革，一般情况下，尤其是在社会政治相对稳定的情况下，因为交通阻碍，文字载体的局限，这些调整和规范只可能在小范围地域或小群体人群中有效，对文字进化的推动力度很小，速度较慢。如春秋战国时代，诸侯割据，除东周、秦国的大篆规范性较强之外，其余六国的文字彼此之间均存在一定的差异。在秦始皇统一中国后，推行"书同文，车同轨"，统一度量衡的政策，命宰相李斯统一全国的文字，李斯在秦国原来使用的大篆字体的基础上进行简化，取消其他六国的异体字，创制了统一文字书写形式，即小篆。从甲骨文、金文、大篆到小篆，字体逐渐变为以线条符号为主，这也是中国古代历史上第一次由政权推动的文字改革，所以也叫"秦篆"。小篆自秦开始在中国作为标准字体，一直使用到西汉末年才逐渐被隶书所取代。

西晋书法家卫恒所著的书法理论著作《四体书势》记载，"秦既用篆，奏事繁多，篆书难成，即令隶人（笔吏）佐书，曰隶书……隶书者，篆之捷也"，可见隶书原来是秦朝人为书写简便而改造产生的公文字体，相比于小篆书写简便就是其产生的原因。隶书在汉代发展成熟，又叫"佐书"，奠定了方块汉字的基础。隶书之后直到东汉开始出现楷书、草书、行书等各种字体。虽然在那段时期出现了为增进汉字的表音表意功能的繁化现象，增加形符或声符，或者将原先相同的字分成两个，从而使各自表达的意义更加明确的做法，但对以楷书为代表的汉字的笔画书写来说，这些字体较为简单、方便、易写。楷书又称正书，或真书，其特点是形体方正，笔画平直，可作楷模，其特点也是其名字的由来。

楷书产生于东汉，蔡伦造纸术发明于东汉，这是巧合吗？我认为，至少华夏文字自汉朝开始被定名为"汉字"，就与此有关。

首先，由于有了纸张，华夏文字的大范围的快速传播扩散才有可能。对异域外邦来讲，随着这种先进的书写材料传播过来的文字来自于一个叫"汉"的国度，那当然就是"汉字"！

第二，因为楷书字形简单方正，易学易写，对普通百姓而言，识字学习也就容易了很多，掌握文字的人越来越多。识字有文化的人越多这个国家自然就欣欣向荣，民族自豪感自然提升，以"汉人"自称是当时多数国人的骄傲，所以他们使用的文字理所当然叫"汉字"。

第三，还是因为纸，楷书的汉字被广泛传播和认可，这也就造成了华夏文字的书写形态演变至楷书，就被更为广阔的区域、更多的人所认可和记住——要想再做较大的变动的可能性被大大降低，汉字的稳定性被大大加强。所以我们现在使用的汉字基本都是楷书所确定的笔画。

楷书的确立，为宋代毕昇发明泥活字印刷术也提供了可行性。我们尝试设想一下，如果宋朝时的文字还是金文、大篆、小篆之类繁琐的字体，要在泥土制成的胚胎上阳刻出那些复杂的文字，再入窑烧制，成功率几何？沾上油墨后印制出来的效果又将怎样？……可能毕昇会黯然神伤，无可奈何吧。毕竟形体方正，笔画平直，可作楷模的楷书比之前的任何一种字体都要简单很多，结构更加简练清晰。

比中国活字印刷术晚了400多年的金属活字印刷术其原理差不多，只是字模材质更加耐磨经用，它对于其发源地欧洲的拼音字母使用更加方便——比汉字方便得多，汉字必须一字一模，而拼音文字靠字母组合的优势就得到了体现，其成本也更低廉，这更加速推动了各字母文字体系演化和成熟的进度——控制字母数量和简练字母笔画结构，方便更多人学习和掌握。这使得欧洲民众的基本文化素养、知识积累很快得以提升，也是纸张在欧洲广泛使用之后的 600 年、印刷术在德国发明的 200 年之后，工业革命于 18 世纪 60 年代在欧洲启动大幕的重要原因。从此欧洲工业、农业快速崛起，科学技术的发展日新月异，快速地超越了中国，对东方的古老中国也由原来的推崇备至到 19 世纪后半叶的恣意蹂躏，意图瓜分鲸吞。中国人发明的纸和印刷术让他们从中国人眼中的蛮夷变成了列强，其实在他们的心里从来就认为自己是绅士和文明人，他们只是用中国人的两大发明来给中国人上了一课，这几个字除了你们汉字的写法我们还有我们的写法：落后就要挨打！——Behind will be beaten！

2. 时代的引领

文字作为文明的载体，与时俱进是极其自然的规律，也正因为如此才有图像→结绳记事、契刻记事→三大古文字体系→非拼音文字和拼音文字的进化过程，才会有现代的汉字、英文、法文、俄文、日文、韩文、西班牙文、葡萄牙文……文字造就了时代，时代又引领着文字的前行。

在文字和时代的互动中，每个时代总会有人对自己的文字进行诟病和抨击，如果是本着善意的纠偏补漏那当然是好事，能促进当代文字科学性、美学性、经济性和实用性；如果在其中导入了政治色彩和纯粹的个人偏好那就另当别论了，其结果要么被时代洪流湮灭，要么成为后世笑谈。文字固然是工具，是工具就必将为使用工具的人所支配，为其政治目的或锦上添花，或雄辩如簧，为其个人偏好或捉笔为刀，或极尽繁华。但工具就是工具，你可以把一把刀磨得锋利无比，你也可以把锤子锻造得雄浑有力，但你无法让它只认得革命的你，才砍得动木材，锤得实钉子。文字就是文字，你可以妙笔生花，也可以将文字变为投枪、匕首刺向你心中的敌人，但是很对不起，如果对方也是一个精于文字的人，他也可以。所以，时代和文字的互动，我们应该遵循的是文字自身的规律和时代赋予文字的担当。

当下的文字在人们的心目中，其实内涵和外延早就发生了些许变化。首先是外延被扩展。文字和语言按说应该是分属两种不同的符号系统（这个问题我在后面的章节再展开讨论），但我们现在常常把二者模糊使用，相互替换，说起"文字"就让人联想到实际指代的是"语言"，例如你评价某人刚才的谈话"你的文字很精彩、很优美啊！"实际上刚才你听到的明明是他的语言；反之也有，例如老师或评委评价一篇文章或文学作品时经常讲到"……语言流畅"，明明他评价的是文字。再则就是内涵被丰富，例如我们经常会听到"画面语言""镜头语言""雕塑语言""如诗的画面""散文般的构图""色彩的排比"……这不都是用文字的形式、语法和逻辑在比喻在描述其他事物吗？但你无法否认你并没有被这些文字和语言误导，而是相当地享受这种恰当的描述和指代，文字的魅力也由此产生了。

如果上面我们所讨论的还是文字随时代发展所产生的、浮现于表层意义上的变化和演变，在现实的操作层面，我们应该看到，作为工具，而且是现代人无时无刻、无论任何事物都离不开的工具，文字受时代影响而发生演变的一个最重要走向：专业文字和语言的产生。

现代社会由于社会分工的高度精细化，行业、职业的分化，尤其上个世纪末到现在计算机技术的飞速发展，更加加剧了这种分化，并且催生出一大批对以前的科学发展史观、经济学原理、社会学原理和逻辑来说闻所未闻、想都不敢想的行业和职业。专业的文字和语言其实我们并不陌生，例如数学演算，对于没有接受过数学专业高等级学习和训练的人，那整版累牍的演算推演无异于天书奇谈，但数学家们无论来自哪个国家，文字和语言是否相通，他们都可以不用任何讲解就对演算推演过程心领神会，或者惊叹赞服，或者直指谬误，然后用一连串、一整版的数字、符号与对方辩论。这种演算和辩论所用到的就是数学文字——数学家们才看得懂的文字。还有我们每个人都接触过的医生的诊断书和处方，虽然有些用的是我们能认识的文字书写出来的，但对其含义我们可能只是一知半解，或者根本不懂，比如"脑挫裂伤"，医学人士形象地向你解释就是：西瓜掉在地上，皮没破但里面的瓤碎了；"脑梗死"，医生用大白话告诉你的就是：脑细胞就像稻田里的秧苗缺水一样，早期尚不致干死，如及时恢复灌注，可能活得过来；时间长了等地缝都裂开了，再灌注也就晚了，神经功能也再不可能完全恢复了，还有更多一般人看都看不懂的外文字母、符号、数字，这就是医学文字。诸如此类，很多行业、专业、职业都有它们自己的专业文字和术语。文字是既古老又时尚的信息传递符号，在形式上可以分为书写文字、数字字形以及标点符号三类。上述列举的专业文字和术语就是根据行业、专业、职业的特点，为直接、快捷、准确、有效地在行业、专业、职业内部沟通而创造的，这种创造绝非无根之木，无源之水，完全是基于人类已有的文字进行适用的选择取舍和重新的排列组合。所以，这些专业文字和术语就是文字为时代引领的演变，是对文字系统内涵的真正充实和丰富。

我们再看一个出现于我们生活的年代的语言——计算机语言的诞生和演变历程吧。计算机程序设计语言简称计算机语言，说是语言其实质应该是计算机器能识别和读懂的文字，所以它的第一代语言就叫机器语言，发展到现在已经历了机器语言→汇编语言→高级语言等阶段。

机器语言 第一代计算机语言。计算机发明之初，人们用一串串由"0"和"1"组成的指令序列指示计算机的每一个动作，这种由

"0"和"1"组成的二进制语言就是机器语言。对早期从事计算机研究和开发的人来讲，使用二进制的机器语言是十分痛苦的事情，特别是发生程序错误需要修改的时候。由于每台计算机的指令系统常常不尽相同，在一台计算机上执行的程序如果要在另一台计算机上执行，就必须重新编写程序。由于每一组程序都是针对特定型号计算机所编写的语言，这虽然造成了重复劳动，但运算效率是所有语言中最高的。

汇编语言　为提高工作效率和减轻劳动负荷，避免同一程序被反复编写，人们尝试用一些简洁的英文字母、符号串来替代一个个特定指令的二进制字符串，比如用"ADD"指代"加法"、"MOV"指代"数据传递"等，这样不但让人们很容易读懂并理解程序在干什么，而且纠错和维护都变得方便而快捷，这就是第二代计算机程序设计语言——汇编语言。作为机器的计算机并不认识这些符号，建立字母、符号指令和二进制字符串之间的指代关系需要一个专门的程序——将这些符号翻译成二进制数的机器语言，这种翻译程序被称为汇编程序。汇编语言也是高度依赖机器硬件，移植性不好，不过效率仍然很高。针对计算机特定硬件编制的汇编语言程序，可以准确地发挥该计算机硬件的功能与专长，因其程序精炼，稳定性高，至今仍是 IT 领域常用的软件开发工具。

高级语言　随着计算机开发的不断推进，硬件的不断提升对计算机语言的要求也越来越高，计算机程序也越来越复杂，如果仍然使用二进制机器语言，即使有汇编程序帮忙，工作量仍然是巨大甚至是海量的。人们意识到，应该设计一种接近于数学语言或人的自然语言，同时又不针对特定的计算机硬件，编出的程序能在所有机器上使用的通用型计算机语言。1954 年，FORTRAN，第一个完全脱离机器硬件的通用型高级计算机语言问世，以此为起点，随后的几十年里共有几百种高级语言出现，其中影响较大、使用较普遍的有 FORTRAN，AL-GOL，COBOL，BASIC，LISP，SNOBOL，PL/1，Pascal，C，PROLOG，Ada，C++，VC，VB，Delphi，JAVA 等。高级语言也经历了从早期语言到结构化程序设计语言，从面向过程到非过程化程序语言的过程，与此相应，软件的开发也由最初的个体手工作坊式的封闭式生产，发展为产业化、流水线式的工业化生产。20 世纪 60 年代中后期，计算机软件越来越多，规模也越来越大，但软件生产基本还停留在各自为战，互不买账的层面。由于缺乏科学规范的系统规划与测试、评估标准，大批软件开发企业耗费巨资建立的软件系统因为含有错误而无法使用，甚至因此损失巨大而倒闭。在使用者方面，市场上几乎找不到不出错的软件，软件给人的感觉是越来越不靠谱，这就是当时给计算机界造成极大地震动的"软件危机"。大型程序的编制应该像处理工程一样处理软件研制的全过程，这是一项不同于小程序编写的新技术。人们终于意识到程序的设计首先应该保证正确性，应该有一套严谨的检测标准以验证其正确性。1965 年，迪克斯特拉（E. W. Dijkstra）提出了结构化程序设计方法，1970 年，第一个结构化程序设计语言 Pascal 语言出现，这标志着结构化程序设计时期的开始。20 世纪 80 年代，软件设计领域发生了一次理念上的革命，即面向对象的程序设计。此前的高级语言几乎都是面向过程，程序的执行如流水线一般，人们在一个模块被执行完成之前既不能干别的事，也不能动态地改变程序的执行方向。这与人们日常处理事物的思维和行为模式不同，人在处理一件事情的过程中，当有其他与之冲突或有利的事情出现时，人们会在那件事情处理的过程中先解决或同时解决其他事情，甚至在过程中改变原先那件事情设定的处理结果。换而言之，即程序设计不能面向过程，而应是面向具体的应用功能，也就是对象（object）。软件集成化就是这种理念的具体体现，参照集成电路的设计思路，将一些通用的功能模块紧密封装成软件集成块，它与具体应用无关但却能相互组合，完成具体的应用功能，同时又能重复使用。使用者只需关心它的接口（输入量、输出量）及能实现的功能，至于如何实现是软件集成块内部的事，使用者无须多虑，C + + 、VB、Delphi 就是典型代表。

通过对计算机语言发展演变史的粗略了解，我们应该看到文字的变迁所受的牵制，小到两个数字的选择（0 和 1），大到劳动强度和工作效率的生理极限，再放大到一个国家、一个区域、全世界以及时代科技、文化进步的要求，甚至再放大到百年、千年、万年的时间尺度，都会或大或小、或深或浅、或暂时或永久地体现于文字本身。文字与时代的互动从来就没有停止过，从来也不会停止，只是我们关注过没有，接触过没有，还有这种互动与我们的关联度又有多少而已。近段日子里，我看到有些媒体又在宣传一种观念，学习计算机编程应该从娃娃抓起。这不禁使我又想到了前面提到的两个例子：数学语言和医学术语。在这个科技腾飞、信息爆炸的时代，我们以及我们的孩子脑子里到底要装下多少知识才能不被这个时代说"Out"？我们的精力和体力能够让我们承受住多少的负荷？我们的孩子是不是天文、地理、文学、历史、哲学、美术、音乐、体育……还有计算机都应该没有不懂的呢？计算机编程真的有必要从娃娃抓起吗？我看未必！IT 行业的研究人员告诉我们，计算机语言的下一个发展目标是"应用"，你只需要告诉程序你要干什么，程序就能自动生成算法，自动进行处理，这就是非过程化的程序语言。只是作为一个今天对文字在进行一点浅显研究的人有点好奇，那时候的计算机能识读的文字又是什么样子呢？但很快我又淡定下来，计算机语言的变革还是交给那些感兴趣和热爱的人去做吧，我只要能使用计算机就够了！

文字的前路在哪里？未来的文字又将变成什么样子？路，当然就在脚下，看人类何去何从；文字，当然被时代引领，看风云变幻，潮起潮落。"莫愁前路无知己，天下谁人不识君！"路将会是一条怎样的路？未来到底会是一个怎样的时代？都交给文字吧！

低调的语言

如果你是一个善于观察的人，在人际交往中你是否有过这样的体验吗？在一个人数并不太多，既有熟人又有生人的聚会场合，那种热情有加，见面就熟，左右逢源的人起初容易博得你的好感，但随着聚会和交谈的延伸，渐渐地你会对他们的喋喋不休和没话找话开始厌倦。这时，如果有那么一位彬彬有礼，沉静寡言，一旦有言语就见地深刻，而且又适可而止、懂得把握分寸的人你不自觉地就会两相比较，你会对那种聒噪的"人来疯"慢慢疏远，对这个稳重自持的人投以欣赏的眼光——低调的人往往不紧也不慢，无须诉求的优越和孤寂的落寞，自信在从容中体现；低调的人往往不卑也不亢，无须逢迎的刻意和排贬的偏颇，尊严在平等中维护；低调的人往往不惧也不拒，无须信念的迁就和理据的摇摆，才识在淡定中透散。用低调来拟人语言，恰如其分。

在前面的章节中，我们回溯和梳理了图像衍生出文字，文字的诞生和演化，并且浓妆淡抹地将文字发明的基础之一——口语，浅述旁论了一番，但很少明确地对"语言"进行准确定位和明确导入，是语言与本书的研究没有关系吗？答案是否定的，虽然我们的研究并非图像与语言的关系，但语言却是研究对象之一——文字无可须臾分离的主体。

语言，望文生义即可理解成"语言文字"，从狭义的角度语言即指口语，广义的语言包括口语和文字，所以语言包括口头语言和书面语言。语言就广义而言，是采用一套具有共同处理规则来进行表达的沟通指令，指令会以视觉、听觉或者触觉方式来传递。语言的表达方式是指人们使用语言的形式，人们使用语言的方式主要有两种，人的肢体行为和文字。人的肢体行为是人们使用语言的主要形式，口述声音、手势及表情就是人的肢体行为的体现。口语是人类使用行为进行语言交流的最主要的方式。符号的应用主要表现为文字，文字是现代人类语言最大的应用类。① 绝大多数研究人类起源的专家认为，通过口语进行交流是人类区别于其他动物的最显著的特征，语言是人类独有的。所以更加准确的理解，也可以狭义地定义语言是伴随人类社会而产生的，是人们在长期的社会交往中约定俗成的，以语音和字形为物质外壳，以词汇为建筑材料，以语法为规律结构的符号系统。② 无论是广义还是狭义的定义，我们都应该明确：语言由口语（语音或言语）和文字构成。

亚里士多德认为，人实际上是有语言的生物，人之所以为人首先就在于他能开口说话；马克思说：语言是思维的物质外壳；列宁也肯定了语言是"人类最重要的交际工具"。所以，人类的语言机制是人类思维外化表现的承载系统，语言的目的是交流观念、意见、思想等，是人类从事所有社会性实践活动不可缺少的必要前提。人们比较确信，语言的产生与社会的形成是同步发生的。因为社会就是人与人组成的一个共同体，维系这个共同体最重要的事情就是位于其中的各个

---

① https：//baike. baidu. com/item/语言
② 胡正荣：《传播学总论》，北京广播学院出版社，1997：109.

个体之间的交往，而交往的实质就是彼此之间的信息传播。没有传播，个体之间就没有交往的可能和必要，这个共同体就将即刻瓦解，无法存在，社会更无法运行。联合国教科文组织探讨国际传播的报告《多种声音，一个世界》中写道："这种个人与个人之间的交流时刻发生、延续不断，其重要性是无与伦比的，在一个小小的社会单位范围内尤其如此。在过去，这种交流无疑有助于加强互相之间的友爱合作关系，以抗衡由于受制于外来势力而形成的分散局面。不管怎样，它总是起着一种社会化的作用：鼓励人们工作、协调群体生活、团结一致来和大自然做斗争，并促进作出集体性的决定。它今天仍然是人类交流中无以取代的一个方面。"① 从信息传播的范畴来看，语言是传播活动最基本的媒介，同时也是最初始、最重要的媒介。换句话说，只有语言是独立的、自主的媒介，其他任何时代、任何形式、任何材质的媒介，都需要以语言为基础，都是语言媒介的变形与延伸。对此如果你有质疑——文字难道不是一个独立自主的媒介吗？别忘了，文字不过是语言的代表，人们总是先有什么要说的话然后才能写下来，文字不过是代表语言在表达。在人类社会里，你还能想到其他的媒介能取代语言吗？

一、奠基的口语

读完上面的阐述，细心的你可能已经忍不住要问了，不是已经清楚地界定了：语言由口语（语音或言语）和文字构成。你上面的很多叙述开口语言，闭口语言，这个"语言"到底是广义的语言，还是专指口语啊？太对了，上面包括前面的论述中，有很多"语言"实际上

---

① 联合国教科文组织国际交流问题研究委员会：《多种声音，一个世界》，中国对外翻译出版公司，1981：6.

我仅指广义语言中的"口语"。之所以如此，主要是为了通俗易懂和行文流畅，包括此后的有些论述，为了照顾绝大多数读者的习惯，我可能还会将语言、口语、文字等概念和称谓，根据上下文的语境、场景进行模糊使用，但指向和实质并非概念混淆不清，定义模糊，用词不准确，在此先作澄清。

"在昔原始之民，其居群中，盖惟以姿态声音，自达其情意而已。声音繁变，浸成言辞，言辞谐美，乃兆歌咏。……踊跃吟叹，时越侪辈，为众所赏，默识不忘，口耳相传，或逮后世。"① 这是鲁迅先生在《汉文学史纲要》中对人类早期认知外界和相互沟通的臆想描述，其中就重点体现了语言的主要表现形式：肢体语言和口语。人的肢体行为是人们使用语言的主要形式，口述声音、手势及表情就是人的肢体行为体现。口语是人类使用行为进行语言交流的最主要的方式，但至今为止，人类的语言何时产生，在哪里产生，是谁创造的，依然是未解之谜。

（一）至今未解之谜

2011年4月，美国《科学》杂志的一篇报告引起学术界的极大反响。新西兰学者昆廷·阿特金森在报告中称：人类语言可能全部起源于非洲西南部地区，时间大约在15万年前洞穴艺术开始阶段：它们是同一个起源而不是独立起源。② 尽管该报告因为研究方法和理据并未得到学界的广泛认同而只是成为一种存在，但它至少提出了一个明确的时间段和可以考证的地理范围。此前，学术层面的语言起源理论可以划分为两种假说：连续性假说和非连续性假说。连续性假说的基本

① 鲁迅：《鲁迅全集》第9卷，人民文学出版社，1982：343.
② https：//baike. baidu. com/item/人类语言

思想认为，语言不可能突然之间形成，而是有一个过程，一定是由人类的灵长类祖先早期的前语言系统演变而来的。非连续性的假说则认为，语言有一些独一无二的特征是在人类演化过程的某个时间段中突然出现的，跟人类基因演化和突变也是有关的。过去对连续演化性研究得比较多，也有很多的假设。现在还在继续研究的人当中，有的认为人类祖先由姿势产生了跟语言有关的符号系统，有声的语言也随着人类的进化慢慢产生出来；也有人认为语言是模仿自然界的声音；还有一种理论认为最初语音和意义是随意结合的，经过不断地重复使用，音义之间形成了固定的非随意联系，该说法称为"随意定型"理论。各种理论都言之成理，因为这些理论与想象中的或现实中的语言或非语言人类行为相吻合。包括具有相当影响力、支持非连续性假说的美国语言学家诺姆·乔姆斯基（Avram Noam Chomsky）所提出的"普遍语法"理论：在某种程度上语言可视为人类独有的天赋，儿童被假定为天生具有适用于所有人类语言的基本语法结构的知识。但所有的这些理论都因为直接证据较少，对语言起源要做实证研究比较困难而只能成为假说。通过不同时期人类化石来对比解剖学特征，观察演进的过程并用计算机进行模拟，语言基因——"FOXP2"基因的寻找等，近二十余年，随着科学技术的进步，一些新的研究方法已被引入语言起源的研究之中，以期寻找到具有说服力的证据。

至于神授说纯属非科学、非理性的神话传说，而人创说、劳动创造说则太过宽泛化，政治正确也符合唯物史观，也只能成为永远正确的结论而非研究过程和理据演绎。中国知名学者周海中认为，解决语言演化问题的难度不亚于破解物种演化之谜的难度；语言演化既是一种社会现象，又是一种自然现象，还是人类心智发展和历史文化演变的结果；由于语言的起源与变化有其内在的原因和外界的影响，从而增加了语言演化问题的复杂性。由于人类语言的历史悠久、语言本身的复杂性以及缺少有力科学证据支持，关于语言的起源至今还是未解之谜。

（二）清澈的语文

口语使人类摆脱了"与狼共舞"的野蛮状态，口语促进了原始社会的形成。德国著名释义学者加达默尔说："无论我们用什么语言，我们获得的只是一个更为扩大的方面，一种世界观。"他认为，语言本身就是一种世界观，人类因为有了语言从而拥有了一个"世界"，同"世界"有了一种"关系"，对世界有了一种特殊的态度。他所定义的这个"世界"是指因为人类能掌控语言之后，就拥有了一个动物类所没有的丰富的"语义世界"。原始人类最初的口语只是一种将声音与周围事物或环境联系起来的声音符号，通过对世界认识的不断加深和生产、生活等社会实践经验的不断累积，口语的抽象能力也在不断提高，最终形成了一套能够表达复杂含义的声音符号系统——语言，与之同步，口语也极大地促进了人类思维水平的发展。不过，我们在此有必要借美国学者威廉斯（F. Williams）在其《传播革命》一书里绘制的一个传播史表盘，较为形象地理解一下人类从开口说话到用手写文字这样一个时期的漫长——威廉斯以表盘上的24小时代表西方晚期智人即克罗马农人（现代人的祖先）开口说话以来的360个世纪——"一天等于360个世纪"，这个记录人类传播活动历史全程的时间表盘上，从00：00至20：00表示的是口语产生到文字出现的时间，都属于我们现代定义的"口语传播时代"，从20：00至22：38的印刷产生，"文字传播时代"约占2.5小时，从22：38至23：57不足一个半小时为"印刷传播时代"，而现在我们所处的"电子传播时代"在传播史的表盘上只有区区的3分钟。按照这个传播史表盘标示的时间，人类的口语出现约在 36000 年前，这也是人类真正成为智慧生物的起点标志。美国历史学家斯塔夫里阿诺斯也在其著述《全球通史》里写道：人类祖先在距今约 35000 年时终于完成了自己的整个进化过程，而转变为人类——"能进行思维的人类"。从各方面看，这一转变可视作地球上事态发展的第二个大转折点；而生命从无机物中脱胎而出则是第一个大转折点。①

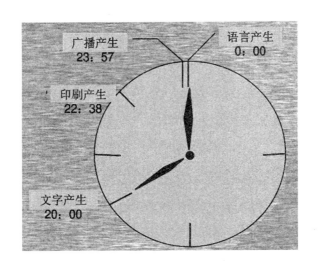

图 1－14　威廉斯的传播史表盘

口语的进化和促进文字从图像诞生，时间是漫长的，口语和文字共同支撑起语言的殿堂也是毋庸争议的事实。但没有对语言和文字关系进行过研究的绝大多数人，把文字摆在了更重要的位置，这是一种本质上的错误，而且从文字起源和演化过程的研究已经得到论证。首先，语言产生在前，文字产生在后，文字的产生是以语言为基础。语

———————

① ［美］斯塔夫里阿诺斯著，吴象婴译：《全球通史——1500 年以前的世界》，上海社会科学出版社，1988：66.

言的历史几乎和人类历史一样长，甚至比人类历史更长。人类从类人猿进化为人的显著性标志之一就是语言，换句话说就是，语言的产生让人类脱离野生动物界而成为高等动物。按照阿特金森的研究结论，人能说话的历史至少可以追溯到15万年前，而文字的产生最多也就是6000年前。第二，语言或者说口语是文字之根本，没有语言就不可能有文字的产生。任何动物都不可能具有语言能力，语言能力是人独有的。20世纪六七十年代国外曾有过很多实验，他们试图教猿猴讲话，但猿猴不能发出人的声音；还有人尝试教猿猴辨认代表某个概念的词语，结果发现通过反复的训练刺激，猿猴可以通过视觉或听觉识得卡片上有限的一些对应文字，但仅仅还是停留在条件反射阶段而非人的逻辑思维。人类的思维能力、独有的生理结构（发音机制：呼吸器官，喉头和声带，口腔、鼻腔和咽腔）、生产（动物的觅食只是生存的本能）和生活需要是促使人类说话的根本原因，进而促使文字产生。所以，文字依附于语言，是语言的投影。第三，"语言"和"文字"不能等同。虽然我们平时经常在使用中互换两者的称谓也不会产生误解，但二者的关系绝对不能画等号。索绪尔认为："语言符号连结的不是事物和名称，而是概念和音响形象。后者不是物质的声音，纯粹物理的东西，而是这声音的心理印迹，我们的感觉给我们证明的声音表象。它是属于感觉的，我们有时把它叫作'物质的'，那只是在这个意义上说的，而且是跟联想的另一个要素，一般更抽象的概念相对立而言的。……语言符号是一种两面的心理实体"（一面是概念，一面是音响形象）。"这两个要素是紧密相连而且彼此呼应的。""我们建议保留用符号这个词表示整体，用所指和能指分别代替概念和音响形象。后两个术语的好处是既能表明它们彼此间的对立，又能表明它们和它们所从属的整体间的对立。"① 从语言和文字产生相隔至少以万年为单位计算的时间间隔，也能得出二者并非同一体，何况我们都知道婴幼儿出生后也是先学会说话，到儿童阶段才开始学习文字，现在世界上还有一些偏远地区的原始部落和人类有语言没有文字，已经进入文明社会的国家和地区依然存在能说话、能交流却不识字的文盲。人类如果没有语言就不会有社会，语言是人类构建社会、融入社会所必需的。人可以没有文字，但不能没有语言。

很多人把文字摆在高于语言的地位，其原因在于：

（1）语言是一种通过人的听觉感知的"音响形象"，是声波的震动对于人耳膜的刺激，而且出口即逝。文字是可以写在纸张或其他具体实物上的、稳定恒久且可以移动和保存的"物体"。人对于真实可触摸的东西和不可触摸的东西的信赖程度很难等同。

（2）人的思维活动是以概念为基础，概念在人类社会的传播依靠的是文字。正是因为文字给人的恒定性，所以包括对语言的规范和约束也由文字来担当（例如正字法、正音法），文字就显得更加重要了。

把文字摆在高于语言的位置是一种曾经的客观存在，文字还被当作统治阶级愚弄和压迫社会底层民众的工具。从古代中国一直到新中国成立之前，文盲和不识字现象在普通百姓中极为常见，识字和会写字是一种身份和尊贵的体现，所以官府、地主、资本家在对待百姓需要文字办理的公事、诉讼、契约时，歧视性地要求老百姓用按手印代替签名，对待识字的底层民众甚至在其签署姓名之后还要求按手印，以居高临下的"签字画押"表示对其言语的极度不信任。现代社会里除确实不识字的人自己要求以按手印的方式代表签名之外，类似做法

---

① ［瑞士］索绪尔著，高名凯译：《普通语言学教程》，商务印书馆，1985：102.

好像只有在司法程序中，对罪犯和犯罪嫌疑人才会使用。在使用拼音文字的国家也有极其相似的做法，例如在德国人古登堡发明印刷术之前的欧洲，《圣经》都是用平民难以读懂的拉丁文手抄而成，不仅文字古奥，数量也极为有限，只有教会和王室、贵族阶层才能拥有。作为信教且用宗教的礼仪规范全部的生活的平民，只能到教堂听神父讲读《圣经》，聆听上帝的旨意。一直到16世纪，印刷术在欧洲广泛使用近200年之后，天主教会依然禁止用普通民众看得懂的文字印刷《圣经》，英国教会甚至禁止那些知识水平低下、易受影响的群体如妇女、学徒、农夫拥有和阅读《圣经》。古代欧洲统治阶级的这种把文字当成一种特权、当成一种身份和地位的象征的做法，人为地把文字的地位摆在了语言之上。虽然，文重言轻的这种等级观念早已不再，却使周末去教堂做礼拜成为很多教众保留至今的习惯。

　　语言（大概念）的音、形、义代表的就是口语、文字、概念，三者之间在最初其实并没有谁等于谁、谁代表谁的必然联系，而最终由"约定俗成"这只隐形的巨手渐渐搓成：人们交流和沟通要用概念，概念的传递首先就必须有约定俗成的口语；因为时空的不同步和记忆的需要，口语要借助可记录、可携带和约定俗成的字符，因而文字被发明出来；文字反过来对所有承载于图形、图像、绳结的碎片信息进行归纳和约定俗成的赋义（形成概念），为口语和物理记载提供稳定的系统支撑，并与口语一起完成了对语言的建构工程。

　　所以，对广义的语言而言，文字是其构成之一，是从属和依赖关系；对狭义的语言——口语而言，是共同构成语言的伙伴，是口语实物化呈现的物理形式。美国语言学家萨丕尔曾用商品和货币的关系，形象地、恰当地阐明了语言与文字的相互关系。他说，语言是货真价实的商品，而文字只是便利商品买卖和流通的货币。进而言之，除了文字，其他的媒介又何尝不是如此，它们只是不同的货币，代表的却是同一种商品——语言。①

二、语言之力

语言是人类社会人与人之间交流的最主要方式，人们的交往不可能离开语言，虽然通过图片、动作、表情也能为人们表情达意，但这些都只能作为辅助和补充，语言是所有交流方式中最重要、最方便的媒介，这是由语言产生的源起、人类自身的特点和与语言之间的互洽所决定。因人群、地域的不同，人们使用的语言也各不相同，不要说不同国度的人民彼此间直接交谈困难、甚至不可能，即使同一国家同一种文字同一种语言也有不同的方言，甚至同一地区的方言天差地别。例如绝大多数中国人听不懂粤语和闽南话，绝大多数湖南人听不懂双峰话。"十里不同腔，五里不同音"的现象也绝不鲜见，哪怕就是在同一地区，不同社会阶层、不同职业、不同年龄的人，都会有特殊的词汇、独特的语义让他人难以理解。

语言是文化的重要组成部分，同时又是文化的传播介质和载体，一个没有语言的国家和种族不可能拥有属于本国和本民族独有的特色文化，也不可能将传统文化世世代代地不绝传承。每个文化社会都有自己独特的语言，每个特定环境必然会在语言上打上特定的烙印，每种生活方式也必将由相应的语言来维系。作为一种不断发展的文化现象，语言当下的空间分布也是过去扩散、变化和发展的结果，所以，只有将语言摆在时空的环境里才能全面地、深入地了解其与自然环境及人文环境的关系。

---

① ［美］爱德华·萨丕尔著，陆卓元译：《语言论——言语研究导论》第 2 版，商务印书馆，1985：19.

　　语言是人类最重要的交际工具，可分为对话语言、独白语言、书面语言、内部语言。就使用部位和器官来说，语言分"脑语""口语"和"体语"，脑语就是指大脑的"思考""思想"或"思维"，脑语被嘴表达即是"口语"，体语就是"表情"和"动作"。"脑语""口语"和"体语"各不相同，但又可以相互表达，相互补充，有时也会相互拆台。如有时脑子里想的说出来并不尽然——嘴拙；有时说的比想的还要精彩——能言善辩；有时心里想的并不想说但却表现出来——把不住门、眼神和身体动作出卖了自己；有时心里想了嘴却不说——身体力行。语言是一个人能力的重要表现。

　　狭隘地说，除第一个开口说话的人和发明文字的人，所有人都是通过学习获得的语言能力。根据学习的先后，语言还可分为"第一语言"和"第二语言"。人出生后首先接触、学习、掌握和使用的语言，叫第一语言，是一个人从小通过和父母、亲属、成长生活环境里的人们接触，自然学到并熟练运用于交际和思维过程中的语言，本族语言或母语一般来说都是个人的第一语言，也是主要语言。第二语言专指本国内非本族语，在世界范围指外国语，当然，对具有语言天赋和现实需要的人，还有第三、第四，甚至更多语言可以同时被掌握和使用。不过，在一种语言环境中掌握某种语言后，尽管通过学习可以学会另一种或几种其他语言或方言，但是母语或方言的口音很难完全改变，语言天赋再高的人在说非母语的时候，不经意间也会流露出乡音的蛛丝马迹，被人捕捉到说话者的家乡、身份甚至职业特征。

　　语言是思维工具，与思维有密切的联系，是思维的载体和物质外壳以及表现形式，是进行思维逻辑运用和信息传递、交互的工具。语言是指令系统，是以声音/符号为物质外壳，以语义内涵为意义内容，以指令、含义结合的词汇建筑材料和语法组织规律的体系。人类创造了语言，语言促进了文字的发明，文字是语言的视觉形式，文字依其可视性和物质性突破了口语所受的空间和时间制约，进而更好地体现人类认知和认识世界的成果。许多动物也能够发出声音来表达自己的感情或者在群体中传递信息，但是这都只是一些固定的程式，不能随机变化。只有人类才会把无意义的语音按照各种方式组合起来，成为有意义的语言单位，再把为数众多的独立语言单位按照各种方式组合成语言、语句，用无穷变化的形式来表示变化无穷的意义。所有上述，既是语言成长和成熟的发展演变历程演绎，也是语言精神和物质双重属性从粗放向精细的锻压铸造及精雕细刻，更是语言正负能量所释放的原生之力和杠杆效应。

（一）原力与杠杆

无规矩不成方圆。语言作为一个通行于全球、全国或区域的成熟的社会规则体系，对其成立、自律、发展、使用都有自己的规范和要求，否则将会因与系统不能兼容而被排斥，违规使用导致传播误导或失败，定位迷失、属性模糊造成系统扭曲、变形甚至结构性损坏乃至崩盘。这就是语言的原生之力，以及借助社会这个更加庞大的规则体系加以放大和辐射的杠杆效应。

（1）自信的底力

语言之所以诞生和为人类所必需，皆因为它具有明确的指向性、描述性和进行概念思维的逻辑性。语言的指向性就是指语言的含义能够指向对应的事与物。语言的描述性是对语言含义的具体阐释和内容体现。语言的逻辑性是指语言是一种具有结构和规则的指令系统。

语言所指的事物如：熊猫、树木、太阳、上、左等，必须是人们都认可或人为规定的事实。熊猫、树木、太阳表示真实可见的那种濒危动物、体型较为高大的一类植物和地球围绕公转的那颗恒星。语言的指向性一般情况下是一一对应的，如熊猫、太阳，有一部分是类别对应，如树木，还有一些存在一（字、词）对多的状态。如"上"，可以指示方位，也可以表示职位升迁，还可以是战场上前进或冲锋的指令。这些指向关系的形成就是"约定俗成"，其过程亦是语言描述和阐释内容通过众人也是如此判断、如此约定的达成经历。一般具体可见、可以触摸的事物和语言的指向及描述关系容易达成，但如"上""左"之类没有明确可见可触事物的词汇、语音往往需要以人为规定的方式才能成立，如"左"除了指示方位、方向，人们还将它运用于政治活动中以表示政治立场，甚至延伸为政治斗争中较为激进的态度和方式，其反义词"右"的指向性和描述性也是如此为人们所规定下来。语言的指向性由描述性决定，但语言的描述性也可因语言的指向性变化而变化。

　　语言对人而言最重要的功能并非指向和描述而在于抽象功能，因为抽象能形成共性的概念，概念能用简单的字词包含事物本身、事物的变化、与其他事物的关系等，而变化和与他物的关系就是思维的延续关系——逻辑。所以，语言的逻辑性就是世界秩序与人际关系建立和维系的基础，而语言的逻辑性又以语言的指向性和描述性为基础。如：我爱北京天安门，我：指向非别人的这个人，可以描述为自己、本人；爱：指情绪类型，可以描述为对单个人的"恋爱""爱情"，也可描述为对家人、朋友等多数人的喜爱，还可描述为对大范围的人，如"人民"，或事物，如单位、城市、国家的喜爱；北京，指具体的一个城市，可以描述为中国首都；天安门，指一座具体的城门，可以描述为紫禁城或故宫博物院的南门。把这几个字词连成一个句子，最简单、最直白的理解可以是：我喜欢北京城里那座叫天安门的城楼——估计是刚刚开始识字的小朋友的理解；但稍有点逻辑思维能力的人都会知道这句话的含义：我爱我的祖国！

语言因为具有指向性和描述性而得以诞生，成为人类的必需，它的约定、规定是其成立的基石并生发出奠基之力，而语言的逻辑性则使语言成为人类思想、交流的工具，是语言力量放大的杠杆。语言因为这种天赋而具有自信的底力。

（2）自律的定力

语言是人类社会约定俗成的表达观念的符号，这种约定俗成绝非某些小集体、小圈子的意识体现，所以，语言表现为一种社会契约。一个社会接受一种表达手段而排斥另一种表达手段，其实都是社会上的集体意识的习惯。因此，语言没有好坏之分，关键是谁使用，使用哪一种表达方式。符号的本质是社会的，这也是语言最主要的特征。

瑞士语言学家费尔迪南·德·索绪尔（Ferdinand de Saussure 1857—1913）认为，语言符号是一种包含着两面性的实体，语言（口语）和文字是两种不同的符号系统，文字的存在就为了表现语言。这在他去世后由他的两个学生巴利（Ch. Bally）和薛施霭（Albert Seche-haye）根据他的许多谈话记录、回忆和听课笔记整理出的《普通语言学教程》里非常明确。一方面文字表示事物的名称，是概念的映像，即语言的所指；另一方面文字要依托声音，所以说文字也是声音的映像，声音（口语）是语言的另一个侧面，即语言的能指。

语言诞生于客观、归纳与理性逻辑，它既不会为政治立场和阶级划分而有所排斥或偏向，也不会因任何使用者和表达方式而改变其所指和能指。我的地盘我做主——语言的社会属性和所指与能指体系的确立，既是其立身的根本，也是其自律的定力。

（3）应用的规力

语言的应用最大的能效就是构成了社会。所谓社会，就是人与人组成的一个共同体。构成这个共同体的关键就是彼此间的交往，通过语言实现人与人之间的沟通，因此，语言具有交际性。语言的沟通需要采用一套具有统一编码解码标准的声音（图像）指令，而具有统一编码解码标准的声音（图像）指令并不为人类天生，因此，人类需要通过学习获得，而人类学习语言的过程就是语言传播的过程，这就是语言的传播特性。

我们在前面谈到过语言形成的约定俗成和所指与能指，口语的能指和文字的所指之间的约定俗成，严格意义上讲是一种任意的连接关系，是不可论证的关系，这即是语言的任意性，也就是世界上的语言为什么各式各样的原因之一。假设仓颉造字的时候将"牛"和"羊"两个字所指代的动物变换一下，今天的我们完全就会指着牛读羊，若把这两个字的读音换到马和猪，我们就会指着马喊"牛"，看到猪喊"羊"了。语言的能指（口语）是依托声音来完成的，声音只能在时间维度里进行字词发声先后顺序的线性传播，这既是口语不可克服的局限性，但也造就了语言表达的制约力。如"我""爱""你"三个字用不同的发音顺序说出来，听者依据不同的线性组合将会接收到完全不同的信息，产生不同的联想：我爱你——这是表达爱情的信息，求爱；你爱我——这是在告诉你，我知道你对我的爱，根据不同的语境可以联想到：我也爱你，我并不爱你；××爱你我——这是告诉我，你和我在××心里都被爱护着。

语言是一个相对成熟的社会契约体系，这个体系中的各个要素必须保持一定的稳定性，稳定性是语言系统存在的前提。语言编码解码标准的统一性和习得性、口语和文字相互之间约定的随意性、语言的交际功能和口语传播的线性特征等，都是语言被大规模使用、学习和研究的必备条件，也是我们在语言的应用中必须遵循的规则。

（4）发展的潜力

全世界的语言种类繁多，各国的语言都不尽相同，即使相同国家不同地域的语言也有差异，同一地区还有不同的方言，这是不争的事实。但我们应该看到，语言是一个不断变化和发展的体系，语言系统的变化虽然不是很明显，速度并不是很快，但是受到使用的推动以及社会、文化等诸多因素的影响，语言本身在不断地向着经济、简练、实用、包容力、表现力强的趋势发展。

语言是人类文化得以传承和储存的有效载体。不同国家和地区的语言以自己的风格特色，吸引或促使人们在生活生产中，自觉或不自觉地通过语言直接或间接影响相关的人群，或者波及其他更广泛的区域，达到传承的效果。语言的传播性使得语言具备无限传播的能力，从而可以使得不同时空的人获得相同的一套编码解码标准的声音/图像指令。因此从理论上来说，语言可以取得大众共识传播并保存。语言时刻都在进化，两千多年前无论是语音还是字符都与今天的语言差异较大，现代语言就是建立在古代语言的基础之上的。因此，可以说现代语言是古代语言通过无限传播（传承）与进化同时得来的，语言的无限传播是存在于人类思想中的认识，也是体现于人类社会实际应用中的一个事实。语言在人类社会发展中，不仅在人与人之间，古代人与现代人之间，中国人与外国人之间储存了文明的精华信息，构建起文化交流的桥梁，同时，也由于语言本身的强大交际性功能，在丰富的人际交往中应对各种变化，产生更加有表达力的语言，产生更多的基于生活生产实际的意义。

（二）语言之殇

即使没有读过《圣经》，很多人也应该知道"巴别塔"的故事。《圣经·旧约·创世纪》第 11 章记载，大洪水后，诺亚的子孙们迁徙到古巴比伦地区，大家想要建造一座能通往天堂的高塔以避免大洪水对人类造成的劫难。当时世界上只有一种语言，叫"亚当语"，由于沟通顺畅，人们齐心协力，高塔建设速度极快。创造了世界并与人们立下不再让洪水泛滥的"彩虹之约"的上帝马上意识到，统一的语言使人类的智慧和力量凝聚，终将危及对他的崇拜和他的威信。为了惩罚人类的胆大妄为，一夜之间上帝让人类的语言变得五花八门，人们相互之间再也听不懂对方的话语，误解、分歧、猜测最终使通天高塔的建设半途而废。后来，人们把这座塔叫作"巴别（变乱）塔"，也称"通天塔"，并把寻找语言扩散的中心比喻为寻找"通天塔"。上帝之手翻手为云，覆手为雨，巴别塔的神话是语言的灾难还是传奇，这不好轻易判断，但从语言的发明和演变，已知的考古证据及研究结果来看，人为操纵和语言种类的消失更令人忧虑。

　　1887 年，波兰籍犹太人柴门霍夫博士（Ludwik Zamenhof）以一己之力创立了一种从来没有过的语言——世界语（Esperanto），意图消除国际交往中的语言障碍。世界语从问世到现在已经有 130 余年，也曾经有过一些团体、机构、名人对其表示过推崇，包括我们中国，但时至今日，孤陋寡闻的我如果不是因为此书研究的需要，还从未想到过要学习世界语，身边的同事和朋友，包括发达如此的互联网上，也从来没见过世界语的尊容和它在现实中的使用。我并非武断地将世界语排斥于语言系统之外，但我觉得语言的自然属性和社会属性是世界语难以推广的主要原因。再则，任何国家和地区都有自己独特的文化和语言，语言的传播与传承是自身文化传承和保存的最佳介质土壤。如果为寻求世界之大同而强制推行某种语言，世界上难以数计的文化形式和内容，包括各民族母语本身，能够有效且有序地得以传承和保留吗？这到底是语言的正常进化，还是强加于语言的人祸呢？

每种语言都有其所属依归，现代语言学对语言的分类有很多流派和方法，谱系分类法即是其中之一。这种方法根据语言间的亲疏关系，将语言分为若干个语系，语系之下又按亲属关系的远近分为若干个语族，语族之下分为若干个语支，语支之下是语种：语系→语族→语支→语种。由于世界语言十分复杂，语系的划分在语言学家中不尽一致，名称也不尽相同。如"世界七大语系"的划分方式为：印欧语系、汉藏语系、阿尔泰语系、闪含语系（又称亚非语系）、德拉维达语系（又称达罗毗荼语系）、高加索语系、乌拉尔语系。语言的分类是语言成立并成为系统的基础，世界上曾存在过近 8000 种语言，现存 5561种（德国《语言学及语言交际工具问题手册》提供），其中使用人数超过百万的有 200 多种，超过千万的有 50 多种，较大语种的使用人数超过全球人数的 96%，但所用语种只占世界现存语种总量不到 4%；另外 96% 的语种的使用人数仅占世界人口总量的 4%——两组令人忧心的数据！这不但说明很多种语言文字在世界上已经消失，而且更多语言濒临灭亡，除去这些小语种语言活力不足、功能减退的原因，全球经济一体化，交通、媒体和信息化的发展、族群互动加速等，尤其有学者将矛头直指互联网的冲击，认为再过 40 年，90% 的人类语言将消失！

表三　世界使用人数最多的 10 大语种

排名	语言名称	总人口（亿人）	占全球人口比例
1	汉语	11.97	15.22%
2	西班牙语	4.22	4.88%
3	英语	3.31	4.68%
4	阿拉伯语	2.11	3.12%
5	印地语	1.86	2.74%

排名	语言名称	总人口（亿人）	占全球人口比例
6	葡萄牙语	1.82	2.69%
7	孟加拉语	1.75	2.59%
8	俄罗斯语	1.49	2.2%
9	日语	1.25	1.85%
10	德语（标准德语）	0.97	1.44%

来源：https：//baike.baidu.com/item/人类语言

　　西方有句充满哲理的话，"语言乃存在之家"。海德格尔也认为，语言是人与生俱来就存在于其中的东西，人就在语言之中，不可能离开语言而存在，人只能存在于语言之中，人也只有在语言的引导下，才能理解自我和世界。语种的消失不但使语言物理存在的文字和口语表现形式不再那么简单，人类文明库存中的一大块或是一小节也将永难恢复甚至永远清零。网络的开放和普及让个人表达变得轻而易举，这是人类思想进步，社会开明的体现。但我们也应该看到互联网的无界传播与全球经济一体化所导致的强势语言对弱势语言的冲击，以及世界各国城市化潮流所带来的人口大规模流动导致的小语种、方言的没落。

　　语言是交流沟通的工具，沟通和畅则亲密无间，交流受阻则猜忌横生。人际交流之间，谈吐文雅的交往让语言成为一扇心灵的窗户，率性粗俗的言辞让语言显露出内心的龌龊和猥琐。语言于社会，不仅反映社会现实而且直接参与社会、干预社会，影响我们每个人的生存状态。高尔基曾说过："作为一种感人的力量，语言的美产生于言辞的准确、明晰和动听。"理性而优雅的语言，带来的是协商、平等、宽容的公共氛围，催生的是契约、节制、包容的公共精神。"良言一句三冬暖，恶语伤人六月寒"，中国的古语也告诫我们，负能量的话语沟通，只会给社会的公共生活和共同操守带来猜忌、撕裂和冲突。语言在很大程度上左右着人类社会文化的发展进程。

2014 年 3 月 27 日，国家主席习近平在巴黎联合国教科文组织总部发表演讲时讲道："文明因交流而多彩，文明因互鉴而丰富。文明交流互鉴，是推动人类文明进步和世界和平发展的重要动力。"歌德也曾说"并非语言本身有多么正确，有力，或者优美，而在于它所体现出来的思想的力量"。善待善用语言，才能善待我们自身，才能更好地善待我们共同的世界，才能真正营造出丰富多彩的世界之大同。

从"曲水流觞"到"拉奥孔和他的儿子们"

人类感知和认识这个世界起步于图形、图像，结绳、刻画以期将对外界的感知和意欲向同类诉说的记忆痕迹、思想点滴，以形赋音，以形赋义，挪动时空遂成文字。栉风沐雨，洋洋洒洒，6000 年图像与文字的演化历史基本已迷雾散尽，浮尘落地，虽然古代遗存的众多图画意象还在解构，出土的繁多文样字体还未破译，但对图像是文字的起源这一定论已毫无争议。作为芸芸众生之一，如果不是从文字和图像中讨生活的人，如果不是纠缠于世界本真的思辨学者，如果不是闲情逸致于画画写写的才情俊士，可能在普通人的眼中，图像就是图像，文字就是文字。可能也会有人问道：图像和文字之间有关系吗？又与我有什么关系？与我有关系又与它们之间的关系有什么关系？是啊，关系！

　　第二个问题最容易回答。有关系是肯定的！稍稍思考一下就能想到，吃饭要买菜、买米、买调料，上班工作需要看文书、图样、接任务，下班逛街、看电影、购物，跟朋友见面聊天、喝茶，就是单身一族宅在家里，也会看书、看电视、上网……有哪一样不是以图像和文字为依托进行的？所以，任何人只要说话、交谈、聆听、书写、算账、读书、看报、观影、追剧、上网、网聊、网购……有生活、有交往、有工作、有思考、有情绪……有人，就有关系。这就是对第二个问题的回答。第三个问题我们暂时留下来，这本书的目的就是要研究图像和文字的关系对人的影响，所以后面的更多内容将围绕这个问题展开，尤其要先预告一下，重点针对的就是现代这二者关系的变化与现代人的关系。

　　第一个问题：图像和文字之间有关系吗？答案还是：当然！而且是必须的。让我们先从"曲水流觞"和那幅负有"天下第一行书"盛名的《兰亭集序》说起吧。

一、"曲水流觞"问诗画

　　曲水流觞，中国古代民间的一种传统习俗，最早可以上溯到西周初年。夏历的三月上巳日①人们举行被禊②仪式之后，相互邀约坐在

---

①　上巳，俗称三月三，是中国民间的传统节日。上巳节是古代举行"祓除畔浴"活动中最重要的节日。上古时代以"干支"纪日，三月上旬的第一个巳日，谓之"上巳"。"上巳"一词最早出现在汉初的文献里，《周礼》郑玄注："岁时祓除，如今三月上巳如水上之类。"魏晋以后，上巳节的节期改为阴历三月初三，故又称"重三"或"三月三"。——引自"百度百科"

②　被禊，古代中国民俗，每年于春季上巳日在水边举行祭礼，洗濯去垢，消除不祥，叫被禊。源于古代"除恶之祭"。或濯于水滨（薛君《韩诗章句》），或秉火求福（杜笃《被禊赋》）。三国魏以前多在三月上巳，魏以后固定在三月三日。然亦有延至秋季者（刘桢《鲁都赋》）。被：古代为除灾求福而举行的一种仪式，禊：古代春秋两季在水边举行的清除不祥的祭祀。——引自"百度百科"

河渠两旁，在河渠的上游放置酒杯，酒杯顺流而下，停在谁的面前，谁就取杯饮酒，意为除去灾祸不吉。曲水流觞这种古老的习俗是古代的人们欢庆和娱乐的一种方式，同时也包含着祈福免灾的心理慰藉。后来，尤其是经过文人雅士的发挥演绎，曲水流觞成为文人墨客诗酒唱酬的一种儒风雅俗留传至今。南朝梁吴均《续齐谐记》记载有："昔周公卜城洛邑，因流水以泛酒，故逸《诗》云'羽觞随流波'。"

曲水流觞

图片来源：https：//baike.baidu.com/item/曲水流觞/百度百科

因此，就有了"兰亭雅集"的美谈。

晋穆帝永和九年（353）三月初三上巳日，时任会稽内史的王羲之与亲朋谢安、孙绰等42位全国军政高官，在会稽山阴（今浙江绍兴越城区）兰亭举行修禊祭祀仪式后，在兰亭清溪两旁席地而坐，举行饮酒赋诗的"曲水流觞"活动。他们将盛了酒的酒杯放在溪水中，由上游浮水徐徐而下，经过弯弯曲曲的溪流，酒杯在谁的面前打转或停下，谁就得即兴赋诗并饮酒，这场飘散着墨馨酒香的诗酒之聚，就是被后人世代传扬的"兰亭雅集"。据史载，在这次雅聚中有十一人各成诗两篇，十五人各成诗一篇，十六人作不出诗各罚酒三觚。王羲之将大家的诗收集起来，用蚕茧纸、鼠须笔挥毫作序，写下了举世闻名的《兰亭集序》，被后人誉为"天下第一行书"。

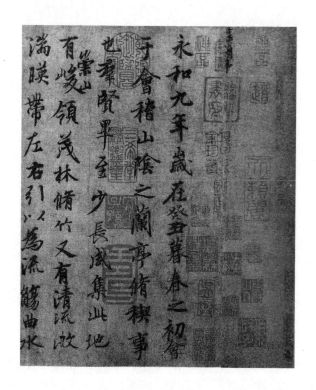

神龙本兰亭集序局部（唐朝冯承素摹）

图片来源：https：//baike.baidu.com/item/曲水流觞/百度百科

《兰亭集序》因成于被禊仪式之后，故也被称为"禊帖"。据说

《兰亭集序》是王羲之在兰亭豪饮之后的醉酒乘兴之作，全文324字中有20个"之"字，各具风韵，皆无雷同，王羲之酒醒之后又重写了好多遍，但终究都不如原作。王羲之对这幅作品十分珍视，于是便留给子孙作为了传家宝。到了唐代贞观年间，酷爱王羲之书法并尊之为"书圣"的唐太宗李世民，派人设计从禅师辩才的住处盗得《兰亭集序》后爱不释手，连睡觉都要置于榻上。因太过喜爱，《兰亭集序》的真品据传被唐太宗作为殉葬品埋在了昭陵之中，还有人认为《兰亭集序》存于唐高宗李治和武则天合葬的乾陵中，现在流传的《兰亭集序》基本上都是唐人摹本。

（一）汉语图文的分分合合

《兰亭集序》的盛名流传至今，即使是摹本，一旦公开展出，喜爱它的人们也会趋之若鹜。可以想象真品的神韵气象，难怪唐太宗李世民临死都恋恋不舍，要带进棺材。唐太宗对王羲之的敬意和喜爱不仅止于《兰亭集序》，他几乎否定了一切书法名家而独尊王羲之。在亲自编纂的《王羲之传论》中，李世民评价三国时期的书法名家钟繇"体则古而不今"，评价"二王"之一的王献之（王羲之的儿子）"疏瘦如枯树"，评价南朝书坛巨擘萧子云"无筋无骨无丈夫之气"，而对于王羲之，李世民的评价只有四个字：尽善尽美。从李世民对王羲之以及其他书法名家的评论用语中我们能够看出，这哪里是仅止于对书法的评价？在他的眼里哪里只有文字的横竖撇捺、起承转合，他分明是将铺陈在面前的卷帖当成了纵论古今、喻人拟物、映像万千的画卷文章。因此，从唐太宗李世民的这些评价，我们不难窥见我国古代对于图像和文字关系认识和运用的蛛丝马迹。

从黄帝史官仓颉始创汉字时出现的"天雨粟，鬼夜哭"的奇迹传说，可见人类将文字的出现视为惊天地、泣鬼神的壮举，所以，我国素有"敬天惜字"的传统，焚烧字纸居然成了一种礼仪，这说明文字被人们赋予了神圣之意义。以文字出现为界，语言有了"口语"和"文字"的区分，即"口传语言"和"文本语言"，因此，文字的出现是"语-图"关系史的里程碑。图像是文字的最主要的起源无可争议，从现在出土和发现的包括原始岩画、器物和人体纹饰在内的原始图像，题材涉及祭祀神明、自然环境、天文地理、社会关系、交往礼仪、生殖繁衍、战争杀伐、狩猎场景、农事形态等。在绘画艺术还没有出现的远古时代，刻画者是不可能讲究透视和比例的，图像就是原始人内心意念的涂鸦和直观的描摹，限于工具简陋和载体材质的线条刻画，其中部分符号和图形，或许因为某些记录者的"技艺"高于同类，便获得更多同类"约定俗成"的认可而渐渐演化为后来的象形文字，这种衍生关系极自然也必然。这些符号图形和语言的关系明显地表现为"以图言说"的特点，即用图像表达人类的所见所闻、所知所行、所想所信。郭沫若先生曾指出："彩陶上的那些刻画符号，可以肯定说就是中国文字的起源，或者中国原始文字的孑遗。"① 古代汉字的出现将华夏先民从口语时代带入文本时代，书写或刻画的古汉字由最初的补充作用，到渐渐取代了图画、结绳，而且古汉字的语音、指向、描述远胜于图像和结绳记事的含糊表述，尤其是文字符号的抽象性使概念的浓缩、语言的表达、逻辑关系的建立、信息的储存、跨越时间和空间转移的便捷，进入到先民们从未敢想象的全新境地，图像符号的重要性大大降低，文字书写理所当然地成了语言记忆和介质表达、个体认知和认识外界、同类间交往的主要形式。虽然图像符号的记忆和叙述功能并没有丧失，甚至还有所增强，却也只能退居其次，成为

---

① 郭沫若：《奴隶制时代》，中国人民大学出版社，2005：189.

文本语言的"副本","语图分体"成为文本时代语-图关系的基本体态。语图分体表现为图像对于语言的模仿、还原、图示等，例如，汉初的《山海经》不仅是一部三万余字的文字叙述性作品，同时也具有众多的叙事性图画；唐代庆元年所修的《隋书志》中的《经籍志》，其中著录的插图本不下百种；唐代佛经"变文"也以相当精致的插图来配合宣讲佛经。这些图文作品仍是以文字为主要表现手段，插图只担当配角，起辅助解读文字的作用。概括而言，这一时期的图文作品以"插图型文本"较为常见，图像本身的独创和革新较为少见。不过也有人质疑，毕竟图像的言说和记录早于文字，难道文字就不会模仿图像，成为图像的"副本"或注释吗？这样的争议和例证也有不少，完全厘清起码暂时还缺乏充足且清晰的证据，所以，将文本时代的语-图关系描述为二者的互相模仿比较客观，或者为体现语言发展的持续性，以"图像模仿语言"为主导的"语图互仿"的表述也无不可。

"文本时代"，需要澄清广义和狭义的所指，这既有概念上的虚指，也有时间阶段的实指。即从广义上讲，文本时代可以泛指文字出现之后的所有时间乃至现在，狭义的文本时代指的是以在纸张上书写开始的时代。这个澄清绝非多此一举，恰巧就是纸张的广泛使用和印刷术所带来的文化繁荣，信息复制的快速化、规模化使看得懂图，认得了字的人越来越多，社会整体文化水平得以极大提升。因此，图像和文字为越来越多的人所掌握，也必将对语-图关系施加更多影响。有研究者发现，以宋代中后期至元代早期为时间节点，图像和文字的关系发生了重大变化，出现了"语图合体"和"语图互文"的表现形态。在此节点之前，图像和文字的表现形态是"语图分体"，而之后二者的形态呈现出"合体"，相互的关系由"互仿"转向"互文"的趋势，主要表现在"题画诗"和"诗意画"的文人画、小说、戏曲的插图和连环画。"题画诗"和"诗意画"属于"诗画合体",是当时文人雅士钟爱的诗画形式,所以也叫"文人画"。小说、戏曲插图和连环画则是将文字和图像放置于同一个文本上,语图交错,相互映衬,文画合体,共时呈现,在图像和语义上实现"语图互文"。

看过国画(中国画)的人都有一个共同的感受,意境高深。传统国画确实"重意"重于"重形",但求神似,不求形似,这就是由"文人画"所带来的影响所致。"文人画"弱化了图像的叙事功能,个性的张扬和意念的寄托主导着画面审美,但终究还是要让观者知其然还要知其所以然,所以就只能寄语于文字了,"语图合体"也就从写实走向写意的必然选择。与之同步,文人墨客们虽然长期与文字为伍,但对图像的审美感受也绝非一日之功,对绘画色彩、笔法、构图、意象的感悟也自觉或不自觉地在文字中浸透出来,发散开去,在诗文音韵里营造绘画的效果,即"诗中有画"也成了当时的诗文审美特色和文学时尚。将文字和图像有机、合理,更要巧妙地合于同一视域、融于同一篇幅的需要,促成了图像与文字的会师——语图合体,促成了文字与图像的对视——语图互文。

表四　"语-图"关系史①

历史时段	语言交流的媒介	语图关系的体态	语图关系的特点
文字出现之前	口传交流	语图一体	以图言说
文字出现之后	文本交流	语图分体	语图互仿
宋元之后	纸印文本交流	语图合体	语图互文

从形态,即表现形式上看,图像和文字的形态好像从远古时代的"语图一体"又回到了宋元之后的"语图合体";似乎完成了一个闭

---

① 赵宪章:《文学和图像关系研究中的若干问题》,江河学刊,2010(1):187.

环，但仔细分析却并非如此。文字出现之前的口传时代，语－图关系的体态表现虽是"语图一体"，但终究那时没有文字，图就是文，文就是图；而宋元之后的"语图合体"，二者虽同处一幅，但毕竟图是图，文是文，只是文字和图像没有各自分置，相互模仿，不似文本时代早期的"语图分体"和"语图互仿"，而是意境和融，相映成趣，诗中有画，画中有诗。图像与文字从形态上看分分合合，最终好似共时呈现，回归原点，但这只是一个单一视角的简单误判。从一个主体（图像）的独立担当到两个主体（图像与文字）的互相模仿，再到两个主体的默契配合，相得益彰，其过程中既有数量上的变化，更有阶段性的迭代，层次上的晋级，首尾之间的嬗变显而易见。变换视角，我更加以为，图像和文字的形态的变迁更像是一个遒劲攀登，循环向上的"语图螺旋"。

（二）书画同源的汉语图文

在我国自古就有"书画同源"或"诗画一律"的说法。"书画同源"指的是书法和绘画源出同门，汉字发源于象形文字，图像和文字的源头大致相似，这与我们前面梳理的图文历史认识是一致的；"诗画一律"则是指文字与绘画在不断的发展演变中，文字逐渐发展为后来的诗歌，绘画也慢慢地成为独立的艺术体系，诗歌与绘画同音无异，相容相生。由此可以体现出我国古代向来注重图像与文字和谐共生、相融互补的关系，这也与中国古代阴阳相生的思想一脉相承。唐代绘画理论家张彦远曾说："造化不能藏其秘，故天雨粟；灵怪不能遁其形，故鬼夜哭。是时也，书、画同体而未分，象制肇创而犹略，无以传其意，故有书；无以见其形，故有画。"这段叙述表明文字与图像在最初的阶段就具有不可割裂的联系。

汉字的象形取义和早期图像的描摹指代是这种思维的根基，而形成相对定型的"书画同源"理念还是得益于"文人画"的繁盛。文人画不求形似，但求神似的写意特征和抒情言志的美学寄托，用笔、章法和布局都与诗歌在立意上相通，诗、书、画一体的共时呈现，尤其如苏轼、王维、赵孟頫、董其昌、吴昌硕这样一些既是画家、书法家又是诗人——既是当时的名人，又是意见领袖的作品的推波助澜，更令人们对"书画同源""诗画一律"的思想推崇有加。所以，这种思想一直占据中国古代对图像与文字关系的主导地位，直至近现代求同存异的观念也还是基于"同"。

唐代集诗人、书法家、画家三种身份于一体的王维创作过太多极富画意的名诗佳句流传至今，如《相思》"红豆生南国，春来发几枝？愿君多采撷，此物最相思。"睹物思人，由红豆引申男女相思的意象；《渭城曲》"渭城朝雨浥轻尘，客舍青青柳色新。劝君更尽一杯酒，西出阳关无故人。"描写惜别朋友远行的意象；《鹿柴》"空山不见人，但闻人语响。返景入深林，复照青苔上。"描写空灵清冷的意象；还有"不知香积寺，数里入云峰。古木无人径，深山何处钟"（《过香积寺》）、"山临青塞断，江向白云平"（《送严秀才还蜀》）、"渡头余落日，墟里上孤烟"（《辋川闲居赠裴秀才迪》）和"万壑树参天，千山响杜鹃"（《送梓州李使君》）等脍炙人口，意念油然的诗句，都成为后世文人画的意象源泉，被历代文人画家品味再三，屡创新意，演绎创作出无数的国画佳作。王维的诗作被宋代也是集三种身份于一体的苏轼在《东坡题跋·书摩诘〈蓝关烟雨图〉》中颔首致意："味摩诘之诗，诗中有画；观摩诘之画，画中有诗。"苏轼的点评准确地概括了王维诗中的诸多意象可以精炼入画，画的意象也可铺陈为诗，真切地表达出相隔至少百年，分处两个朝代的大家，对诗画两种不同艺术形式在意象和境界一致性方面的高度默契。

　　但是，如果认为上下几千年的中国文化长河中，图像和文字的关系波澜不惊，"同"字一诀独步天下，那也是简单的头脑才会得出的臆想。何况，"文以载道"向来是中国文人士大夫尊崇的不破之规。虽然图像也是一种独立的符号系统而且曾经独担大任，但由它所衍生的文字却将概念和思考的效能发挥到极致，承担起"载道""立说"的伟业，"崇文抑画"就是中国儒家学派对待图像和文字关系的鲜明观点。东汉时期的王充在其传世名著《论衡》中就将其观点表露无遗：人好观图画者，图上所画，古之列人也。见列人之面，孰与观其言行？置之空壁，形容具存，人不激劝者，不见言行也。古贤之遗文，竹帛之所载粲然，岂徒墙壁之画哉？空器在厨，金银涂饰，其中无物益于饥，人不顾也。肴膳甘醢，土釜之盛，入者乡之。古贤文之美善可甘，非徒器中之物也，读观有益，非徒膳食有补充也。故器空无实，饥者不顾，胸虚无怀，朝廷不御也。① 意思就是说圣贤们的画像固然直观鲜活，却不过就如厨房里涂金绘银的空碗光盘，于饥饿之人于事无补，而先贤们的文字就如饭菜肉酱，即使装在简陋粗糙的陶盆瓦罐里，也能解饥饿之人的果腹之需。王充的"崇文抑画"论从侧面表达了对人们图像倚重存在隐忧。而唐代张彦远"记传所以叙其事，不能载其形；赋颂所以咏其美，不能备其象；图画之制，所以兼之也"的观点既肯定了绘画的艺术价值与社会效应，也对诗文的局限提出了客观的评论。虽然王充相较于张彦远的观点显得主观意识浓重，但至少他们代表着持不同见解的人群的存在，更代表着图像与文字的比较理论在中国古代不是空白。老子《道德经》里的"五色令人目盲""大象无形"显然是文字的显性支持；《周易·系辞》里"圣人立象以尽

---

　　① 王充：《论衡》，上海人民出版社，1974：208.

意"，强调的是图像的作用……不一而足，不仅这些。

图像表现的是感性的表象，文字表现的是理性的思想，换句话说，图像以表象为自己主要的表现对象，文字以思想为自己主要的表现对象。但是，没必要否认图像在表现表象的同时，也必然会表现一定的思想，而文字在表现思想的同时，也必然要形成一定的表象的客观存在。因此，作为同一种文化体系中的两种表现形式，表象与思想实际上在两种形式中都存在。在不同时期、不同体裁、不同背景下，两种形式所占分量与重要性是相对、流动、变化的，而绝非固定、静止、不变的，纯图纯文、图主文副或文主图副都很正常。如一幅画可以不置一字，也可以画面之外还配以一定的文字，以晓喻画面的思想，只是画面与文字所占比例或版幅的大小不同。如中国古代的画配诗就是画面为主诗文为辅，反之，也可以诗文为主画面为辅，就成了诗配画。当然也可以画面缩减到完全消失，那就是一篇诗稿了。

纯图画和纯诗稿无须讨论，同是画配诗或诗配画，抛却比例和版幅，同一个作者同样的绘画主体，但诗文的变化完全可以左右观者的感受。最典型的例子就是清代画家郑板桥的两幅以竹子为绘画主体的画配诗，一幅是郑板桥于乾隆十一年到十二年（1746—1747）间任山东潍县知县时，自己绘制赠送给山东布政使、署理巡抚包括的《风竹图》，并在画面上题写了《潍县署中画竹呈年伯包大臣》一诗，"衙县卧听萧萧竹，疑是民间疾苦声。些小吾曹州县吏，一枝一叶总关情。"这首诗从写竹入手，托物言志，语多谦逊委婉，表达了对民众的忧虑关切之情，也表白了自己作为知县的责任感与清官心态。到了乾隆十八年（1753），山东大旱，已任潍县县令七年的郑燮因为请求赈灾济民的事而得罪了上司，他不愿与贪官污吏合流，于是决定弃官回乡。临走时，潍县的士绅、百姓盛情挽留。郑板桥心情激动，当即画了一

幅《竹石图》留赠，并题诗一首《予告归里，画竹别潍县绅士民》，
"乌纱掷去不为官，华发萧萧两袖寒。写去数枝青挺竹，秋风江上做
渔竿。"画面主要由竹子、石头和兰花组成。竹子高低错落、挺拔清
峻、浓淡相宜；石头方劲挺峭、轮廓分明；兰花生机蓬勃、意趣横生。
诗句题于画面右边，图文相辅相成。孤高有节的画面形象与淡泊清高，
不和黑暗官场同流合污的人品气节互相映衬，恰好缝合。

　　同是画竹，同一画家和诗人，但观品效果迥然不同，巧妙就在题
画诗上。这说明出自同一作者同样题材、体裁的相似图像，其不同的
主题内涵由各自图像所伴随的文字决定。因此，没有文字帮助思想定
位，所有图像都将是朦胧、飘荡的；反之，若郑板桥仅以两笺诗稿赠
人，人家也能读出诗中的作者自许，但给人感官的触动必将大打折扣。

　　中国画是以汉字和书法为基础的视觉艺术，古诗词是中国古典文
学之精粹。我们以国画和古诗词为代表，研究了中国传统图像与文字
的分分合合——图文螺旋，力挺了书画同源的主流图文关系，也辩证
客观地认同二者的差异，更加倾向互补与融合的必要性。西汉学者扬
雄在《扬子法言·问神篇》中直截了当："言，心声也；书，心画
也。"心，人心。言由心生，画由心造，字由心读。一场兰亭曲水边
的诗文雅聚，一卷"书圣"乘兴挥毫的翰墨至尊，一代明君眼中的完
美尺幅，一路铺展的是同源一律、融合互补的华夏图文逶迤绵长，一
念执着的是直指人心和美华章。

二、"拉奥孔"中辩图文

　　如果你去意大利到了罗马，你一定要去梵蒂冈博物馆去看看那尊
群雕——拉奥孔和他的儿子们（Laocoon and his sons）。

图 1 - 17

图片来源：https：//baike. baidu. com/pic/拉奥孔/百度百科

　　"拉奥孔和他的儿子们"雕塑中，拉奥孔位于三个人物的中间位置，他的双手紧紧地抓住一条蛇，使尽了全身的力气想把自己和孩子们从两条巨蛇的缠绕中挣脱出来，但他的臀部却被咬住了。他的神情处于极度恐惧和痛苦之中，似在吼叫，又似呻吟，身体扭曲，肌肉强烈收缩，看上去都显得那么徒劳和无助。左侧是拉奥孔的长子，他被巨蛇缠住了左腿右臂，他没有受伤也有逃脱生存的希望，正在奋力想把自己的腿和右臂从蛇的缠绕中挣脱出来，但却被眼前的景象惊呆了。右侧是拉奥孔的次子，已被蛇紧紧缠住，他的左手死死抓住蛇的身体，右臂绝望地举起，难以动弹。

　　雕塑"拉奥孔和他的儿子们"（下文中凡指雕塑用"拉奥孔"简称，凡指书籍用《拉奥孔》简称）是公元前1世纪中叶古希腊罗得岛的雕塑家阿格桑德罗斯（Agesandros）和他的儿子波利佐罗斯（Polydoros）和阿典诺多罗斯（Athanodoros）三人集体创作的一组大理石群雕。该雕塑最早安放在希腊罗得岛，后来因战争遗失，直到1506

年1月4日，这座群像在罗马的提图斯浴场遗址附近被出土发现。这件群雕被发现时局部已出现损坏和残缺，其中拉奥孔的右臂已经遗失，两个孩子之中的大儿子遗失了右臂，小儿子的一个手掌也没有找到。雕塑出土后，被罗马教皇尤里乌斯二世收购，收藏于梵蒂冈波尔维多宫，后藏于罗马梵蒂冈美术馆至今。

"拉奥孔"的创作取材于希腊神话中的"木马计"传说。希腊人攻打特洛伊城十年之久也未攻下，于是想出计策，他们佯装兵败撤退，慌乱中故意在海滩上丢弃了一个巨大的木马，其实木马是希腊人早就造好的，他们把将领奥德修斯和一些勇猛的士兵暗藏于马腹中，这就是他们计谋的关键。特洛伊人以为希腊人败退，打扫战场时发现了这个巨型木马，就把木马当作战利品拖入城中，当作献给女神雅典娜的祭品。特洛伊城的祭司拉奥孔警告特洛伊人不要将木马拖入城中，以防希腊人使诈，拉奥孔一怒之下把长矛向木马掷去，这触怒了暗中一直佑助希腊的雅典娜，也违背了众神要毁灭特洛伊城的意志。于是，雅典娜放出两条巨蛇将拉奥孔和他的两个儿子缠住，拉奥孔为救儿子也被蛇咬死。特洛伊人对拉奥孔父子之死，以为是拉奥孔当初的警告冒犯了神灵，便更加深信不疑地将木马运进城里，结果导致了灾难结局。雕塑家将拉奥孔父子被巨蛇搅缠濒死之前的悲惨情景通过雕塑表现出来，成就了这座举世闻名的大型群雕。

这件作品高约184厘米，雕刻家在构图上精心安排，作品整体呈金字塔型，稳定而富于变化，三个人物的动作、姿态和表情相互呼应，层次分明，充分体现了扭曲和美的协调，显示了当时的艺术家们非凡的构图想象力。作品中人物刻画非常逼真，表现了雕塑家对人体解剖学的精通和对自然的精确观察，以及纯熟的艺术表现力和雕塑技巧。雕塑中的拉奥孔和他的两个儿子被表现成了三个由于苦痛而扭曲的身

图1-18 "拉奥孔"局部

图片来源：https：//baike. baidu. com/pic/拉奥孔/百度百科

体，拉奥孔没有极度挣扎，也没有大声呼喊，他和儿子们没有穿衣服，巨蛇也没有缠住他们的整个身体，可以看见他们身上所有肌肉的运动都已达到了极限甚至痉挛的地步，表现了在痛苦和反抗状态下的力量和极度的紧张。雕塑家为了表现剧烈的身体痛苦和人物品格的真诚与刚毅，不得不把身体的痛苦冲淡，通过他们的身姿和神情来传达他们内心的抑制、坦荡和真言无悔。这样的处理避免了恐怖、臃肿等令人不悦的观瞻感受产生，使整座雕像反而呈现出平静、肃穆、庄重的风格。

"拉奥孔"出土面世后，其美学价值和人文成就获得了当时以及后世诸多学者、名家的高度赞许。意大利文艺复兴时期伟大的绘画家、雕塑家、建筑师和诗人米开朗琪罗看到"拉奥孔"之后也赞叹：真是不可思议！德国著名思想家、作家、科学家歌德评论道：不管是对自己，还是对别人，人的痛苦都有三种感觉，即畏惧、恐怖和同情。雕塑能表现这三种感情中的一种已经很不容易了，而"拉奥孔"却同时包含了这三种感情。这是多么伟大的成就啊！它高度的悲剧性激发了人们的想象力，是匀称与变化、静止与动态、对比与层次的典范；西班牙文艺复兴时期著名的幻想风格主义画家埃尔·格列柯还据此创作了一幅同名油画；德国戏剧家、文艺批评家、美学家莱辛详尽地研究了拉奥孔群像，由此探讨了绘画与诗的美学关系，撰写成美学论文《拉奥孔，论画与诗的界限》，并于1766年刊印出版，为欧洲美学史上的重要著作之一。

"现在我来提出我的推论。如果身体上苦痛的感觉所产生的哀号，特别是按照古希腊人的思想方式来看，确实是和伟大的心灵可以相容的，那么，要表现出这种伟大心灵的要求就不能成为艺术家在雕刻中不肯摹仿这种哀号的理由；我们就须另找理由，来说明为什么诗人要有意识地把这种哀号表现出来，而艺术家在这里却不肯走他的敌手，诗人，所走的道路。……"[1] 这段文字是莱辛的《拉奥孔》第一章"为什么拉奥孔在雕刻里不哀号，而在诗里却哀号？"的第四个自然段。在写下了353个文字（中译文本）之后，他就马上对自己的设问，也就是第一章的标题，急不可耐地给出回答——这说明在他的心中早就有了自己的答案。但通过这段阅读，我看到的，是欧洲关于图像与文字关系从古至今都没有停止过的争论，从来也没有放弃过的"语言中心论"，尽管也有过曾经的、短暂的"诗画同一说"。

古希腊时期，诗与画的本质就被认定为模仿，二者相似的观念颇为流行。公元前4世纪，享有希腊哲学的集大成者、世界古代史上伟大的哲学家、科学家和教育家等盛誉的亚里士多德，在他的美学著作

---

① ［德］莱辛著，朱光潜译：《拉奥孔》，商务印书馆，2016：11.

《诗学》的开篇就指出，语言仅仅是一种媒介，其他还有图像与声音等。① 亚里士多德的戏剧理论包括了对悲剧中对白（lexis）和布景（opsis）的相对重要性的判断和厘定。修辞理论往往要诉诸文字/图像的关联模型，才能定义理由和证明、规则和范例、语词（verbum）和物质（res）之间的关系。有效的修辞被明确地定义为语言/视觉的双重说服策略，即演示的同时亦在表述，用典型的例子来形象地阐明其主张，使听众明白，而不仅仅听见讲演者的观点。古典的记忆理论通常把它描述为协调语词顺序与视觉场景和图像结构的技艺，好像人的头脑就是一块雕刻着文字和图像的蜡碑，或者一个堆满雕像、绘画和碑铭的庙宇或博物馆。② 公元前 1 世纪，著名的古罗马诗人、批评家、翻译家贺拉斯在文艺理论名篇《书札》第二卷第三首《诗艺》中指出，"画既如此，诗亦相同"（ut pictura poesis），这已成为西方绘画中一个永久传统的基础，对后世欧洲文艺理论很有影响，并且自那时起，就被用作文字和图像这对"姊妹艺术"的重要的比较标准。

在艺术理论的探讨中，诗歌与绘画的比较、文学与视觉艺术的比较，自古以来就是东西方美学的一个永恒话题，而且尤以西方为盛。亚里士多德的老师，古希腊伟大的哲学家，也是全部西方哲学乃至整个西方文化最伟大的哲学家和思想家、"希腊三贤"之一的柏拉图（与老师苏格拉底和学生亚里士多德并称）就拒绝视觉艺术，因为他认为表象世界、人类的视觉都是不可靠的，可靠的是先天的"理式世界"。亚里士多德虽然是柏拉图的学生，但他的有些学术观点和思想却有着自己的立场，甚至与柏拉图背道而驰，他在《形而上学》一开始提出："求知是所有人的本性。对感觉的喜爱就是证明。人们甚至

---

① ［古希腊］亚理斯多德著，罗念生译：《诗学》，人民文学出版社，1997：3-4.
② ［美］W. J. T. 米歇尔著，朱平译：《文字与图像》，《新美术》，2007（4）：15.

离开实用而喜爱感觉本身，喜爱视觉尤胜于其他。不仅是在实际活动中，就在并不打算做什么的时候，正如人们所说，和其他相比，我们更愿意观看。这是由于，在一切感觉中它最能使我们认知事物，并揭示各种各样的区别。"① 公元 6 世纪的教皇格里高里说过："图像对于无知的人来说，恰如基督教《圣经》对于受过教育的人一样，无知之人从图像中来理解他们必须接受的东西；他们能在图像中读到其在书中读不到的东西。"② 他并不否认文字的重要性，但他并不认可语言对于图像的优越性；他认为绘画能成为传递圣经信息的很好手段，它同样能颂扬上帝创造的美好的自然、伟大的人类、生命的庄严、天堂的神圣与壮丽等。18 世纪后半叶的莱辛认为，虽然"说画是一种无声的诗，而诗是一种有声的画"有一定的道理，但"画和诗无论是从摹仿的对象来看，还是从摹仿的方式来看，却都有区别"。莱辛自己说，《拉奥孔》并不是他探讨文字与图像关系的专著，只是他研究"拉奥孔"雕塑时的一些感悟和思考，他自己也仅将《拉奥孔》视为一篇美学论文。即便如此，他也成了欧洲近现代最早系统地提出诗画差异论并产生了重大影响的研究者，莱辛对诗画各自特点的研究与探讨至今仍然是诗画理论中最伟大的贡献之一。18 世纪后半叶之后，诗画差异论成为欧洲美学领域图像和文字关系的主流观点。

莱辛在《拉奥孔》中主要是从媒介、题材、观众的接受度和艺术理想等四个方面探讨诗画之间的差异。首先，他认为二者所使用的媒介不同，"绘画用空间中的形体和颜色而诗却用在时间中发出的声音"，"符号无可争辩地应该和符号所代表的事物互相协调"。绘画用

---

① ［古希腊］亚里士多德著，苗力田译：《形而上学》，中国人民大学出版社，2003：1.
② ［斯洛文尼亚］阿莱斯·艾尔雅维茨著，胡菊兰等译：《图像时代》，吉林人民出版社，2003：20.

线条与颜色为媒介，这些媒介符号是在空间中展开的，因此它们也只适合表现在空间中展开的事物也即真实或想象中存在的物体。而诗的媒介是语言，语言是一个个连续的字符（声音），是成直线排列，在时间中先后承续的，因此它只适合表现在时间中先后承续的事物。"在空间中并列的符号就只宜于表现那些全体或部分本来也是在空间并列的事物，而在时间中先后承续的符号也就只宜于表现那些全体或部分本来也是在时间中先后承续的事物。"

第二，诗和画以现实世界为题材，都是对现实世界的摹仿，现实世界中的事物有静止的，也有运动的。画的媒介是在空间中展开的，因此画的题材主要是以并列的方式在空间中存在的静止的事物；诗的媒介是在时间中展开的，故而诗的题材主要是以动态的方式在时间中存在的运动的事物，而且其侧重的也不是事物，而是事物的运动。

第三，观众接受诗与画所用的感官不同。观众对画的接受主要靠眼睛，画适合描写空间静止的事物；对诗的接受主要靠耳朵，诗适合描写时间承续中的事物或事物的运动。莱辛指出："颜色并不是声音，而耳朵也并不是眼睛"，"在绘画里一切都是可以眼见的，而且都是以同一方式成为可以眼见的"。所谓以同一方式成为可以眼见，是指出现在画面中的任何物体都是以空间的形式为观众的视觉所感知。"因此，时间上的先后承续属于诗人的领域，而空间则属于画家的领域。"

第四，画的目标是美，而诗的目标则是表情与个性。因为画的对象是空间中静止的物体，物体美只有同时呈现出来才能达到理想的效果，他说："物体美源于杂多部分的和谐效果，而这些部分是可以一眼就看遍的。所以物体美要求这些部分同时并列；各部分并列的事物既然是绘画所特有的题材，所以绘画，而且只有绘画，才能摹仿物体美。"诗描写动态中的美，表情是动态的，个性也只有在情节中，在

事件的发展中才能展现出来，因此二者都是一种动态的美。他认为，
"诗人既然只能把物体美的各因素先后承续地展出，所以他就完全不
去为美而描写物体美。"

《拉奥孔》主要讨论的是诗与画的关系问题，特别是诗与画的区
别，虽然莱辛提出的是诗画差异论，但骨子里他更加重视语言文字的
叙述。与莱辛同时期的德国古典哲学创始人康德，高调宣扬着诗歌超
越绘画的观念，他说："在一切美的艺术中，诗艺（它把自己的根源几
乎完全归功于天才，并最少要规范或榜样来引导）保持着至高无上的
等级。"① 稍晚于莱辛的黑格尔，德国 19 世纪唯心论哲学的代表人物
之一的哲学家，也是推崇诗在艺术领域的领导地位，他说："诗比任何
其他艺术的创作方式都要更涉及艺术的普遍原则，因此，对艺术的科
学研究似应从诗开始，然后才转到其他各门艺术根据感性材料的特点
而分化成的特殊支派。"② 这种诗歌高于绘画的理论是西方强大的人文
主义理论传统中强调精神超越本能的反映，而且与西方强大的叙事传
统也是一致的。

直到 19 世纪早期，英国浪漫主义诗人兼画家威廉·布莱克再度提
出"诗歌与图像原本是同一物的不同形式而已"③ 的观点，并且在自
己的诗画合体艺术作品中体现和验证这个观点。他的诗画合体艺术作
品中，诗与画之间的关系比较接近当代观念，与诗相配的画并非对诗
文本的简单辅助说明，而是积极地与诗文产生对话与互动，或是促进
诗文意义发生延展，还或许与诗文本不直接相关，有些作品甚至产生

---

① ［德］康德著，邓晓芒译：《判断力批判》，人民出版社，2002：14.
② ［德］黑格尔著，朱光潜译：《美学》第三卷下册，商务印书馆，1979：172.
③ Geoffrey Keynes. "*Introduction*" to *William Blake. Songs of Innocence and of Experi-ence.* Oxford & New York. Oxford University Press. 1967：172.

了诗画不相符合、诗画对峙的情况，同一版面的不同副本之间也会产生差异。

"为什么拉奥孔在雕刻里不哀号，而在诗里却哀号？"让我们再回到《拉奥孔》一书第一章的标题吧——莱辛那个著名的设问。拉奥孔父子三人被两条大蛇缠绕的群雕中，他们的嘴处于将张而未张的时刻，而维吉尔的诗则描写他们是张开嘴大声地哀号。"拉奥孔"的这个时刻就是莱辛眼中"最富于孕育性"的时刻，因为嘴将张而未张一方面包含了他们被蛇缠绕而感到痛苦的过程，另一方面也预示了他们即将开口哀号的情景。而就诗来说，"诗也能描绘物体，但是只能通过动作，用暗示的方式去描绘物体""诗在它的持续性的摹仿里，也只能运用物体的某一个属性，而所选择的就应该是，从诗要运用它那个观点去看，能够引起该物体的最生动的感性形象的那个属性"……这就是莱辛的自问自答，由此我们也就看到了《拉奥孔》——一部西方图像与文字关系研究的经典著述，尽管莱辛不认为它是专著，但它的学术价值至今仍在影响着欧美，甚至全世界。它的学术地位可称得上承上启下，它终结了西方早期的诗画一体思维，客观上也牵制了诗歌高于绘画的观念，延伸出了布莱克"同一物的不同形式"的观点。

通过《拉奥孔》对西方图像与文字关系研究的纵向梳理，我们看到的是，语言与图像的冲突在某种程度上也就是大众文化与精英文化的冲突。西方的图像与文字关系看似有强大的、悠久的、理性的叙述传统，对比中国"书画同源"、久远的、抒情的写意传统，我们只能说，图像和文字的源流、迭变所导致的差异既自然，也精彩。而且，我们也清楚地看到，时代和科学的进步，特别是传播学与媒介学的发展为两种文化背景下的现代语图关系带来了更多新的变化，其中也有趋同和融合的景致。

识卷　动态图文

我国战国时期儒学经典《荀子》的"王制篇"中指出："春耕、夏耘、秋收、冬藏，四者不失时，故五谷不绝而百姓有余食也。"精辟地总结了农事生产的一般性规律，揭示了人与生产活动、季节之间的因果关系。天地有大道，万事有因循，世间的万事万物都遵循着一定的发展规律浩浩前行。世界的运动和变化就是普遍性的规律之一，事物的任何一种状态从来不是终局，而只是对于当时环境和原因积累的暂时相对静止，当环境改变，量变积累到一定的程度，质变——另一种相对稳定状态就将到来。图像与文字关系的变迁也遵循着、反映着这个规律。

在接触这个选题时，由于之前专业的重心不在于此，只潜心于图像的学理和应用探究，尽管也知道文字之于图像在传播流通中的重要性，但当我接触到这个选题，开始迈进"读图时代"的研学门槛，尤其是搜罗古今中外的相关典籍、学说论述之际，才发现图像与文字的关系研究可以说是一个千古话题，其久远性甚至可以与世界从何而来的哲学命题相比肩。我还发现，从文字学、图像学、美术学、美学等各个不同的角度的所有研究，最终都归向于哲学思考，这与哲学是有严密逻辑系统的宇宙观，它研究宇宙的性质、宇宙内万事万物演化的总规律、人在宇宙中的位置等等一些很基本的问题的定义，哲学乃世界的原理是相符的。图像与文字已进入现今的"读图时代"，二者的关系研究也是在近现代学者研究的基础上的进一步推进，尤其是现代中西方对于图像与文字关系的梳理对"图"体系的构建有何增益？有何过时？又有何需要补充呢？春耕夏耘，收获在即，兢业不息，发愤"图"强。

谁动了上帝的画板

从《淮南子》中"昔者仓颉作书而天雨粟，鬼夜哭"的传说，到印度婆罗门教《吠陀》中"语言是神赐予人类的一种特殊能力"的记载，再到《圣经》里"巴别塔"的神话，语言是神对人类的赐予的种种传奇，即使在唯物主义和理性思辨的现代世界里，还经常被人们在不同的场合以不同的原因和形态拿出来说道——当然，绝大多数文明社会的人都知道这只是一个神话故事。图像和文字的关系在人类社会的发展过程中始终是动态的，中国有"诗画同源""诗书一律"到"语图分体""语图互仿"再到"语图合体""语图互文"的演变，西方有"诗画一律"到"诗歌高于绘画"再到"诗画合体"的起伏。如果语言真的是上帝的赐予，那这伴随人类从古至今的语图迭变也是上帝在翻手为云，覆手为雨吗？如果我们眼中的现实世界就是上帝手中的画板，那图像和文字的变化也是上帝在恣意地调弄？还是另有其人动了上帝的画板？

还是收起戏谑回归现实吧！——其实，就是人类自身在制造这些变化，或者说是人类的生产活动引起了图像和文字关系的变化。再说得具体一些，就是人类的每一次科学技术的发展促使人们的生产和生活方式发生了变化，进而促使了图像和文字关系的一次次变迁。这中间的一个关键因素就是媒介！

一、媒介之媒介

"这种个人与个人之间的交流时刻发生、延续不断，其重要性是无与伦比的，……不管怎样，它总是起着一种社会化的作用：鼓励人们工作、协调群体生活、团结一致来和大自然做斗争，并促进作出集体性的决定。它今天仍然是人类交流中无以取代的一个方面。"（联合国教科文组织国际交流问题研究委员会：《多种声音，一个世界》）是的，交流——人与人之间的传播活动，就是组成我们这个人类社会的纽带，就是主导图像和文字关系的、动了上帝的画板的"手"！我们都知道信息传播是人类这个共同体能够存在，将人类从动物中区分出来的主观行为，而人的传播活动无论是小范围的、面对面的交流沟通，还是大范围的传播都必须依靠媒介。什么是媒介？

媒介即中介或中介物，传播活动中的媒介是指传播信息符号的物质实体，也就是传播载体。被誉为"传播学鼻祖""传播学之父"的威尔伯·施拉姆（Wilbur Lang Schramm，1907—1987）认为，"媒介就是插入传播过程之中，用以扩大并延伸信息传播的工具。"① 不论是人际传播还是大众（范围）传播，我们都是依托图像和文字进行的，人际传播的言语、文字如此，大众传播的语言、文字、图像亦属于此，所以，图像和文字是传播活动的最基础媒介。人际传播写信的纸张、

---

① ［美］威尔伯·施拉姆著，陈亮等译：《传播学概论》，新华出版社，1984：144.

通话的电话、微信、QQ，自媒体传播的电脑、手机，大众传播的报纸、杂志、书籍、广播、电影、电视也是承载言语、文字、图像的媒介。所以，本小节的标题：媒介之媒介，所指就是图像和文字（包括语音）的承载介质。

正如联合国教科文组织对交流——传播活动的界定，传播活动与人类的生产、生活紧密相连，反之，传播对人们的生产、生活的影响既细致入微又跌宕起伏，所以，人类的生产活动和生活形态中的变化，尤其是剧烈变化势必造成传播活动的翻天覆地。纵观人类社会发展至今，对人类社会发展起到根本性推动的力量是什么？——科学技术！审度人类文明史上的科技飞跃，无一例外地都对传播媒介造成过巨大影响，而对于以之为载体的基础媒介——图像和文字，当然也带来了变化的必要。因此，图像和文字的关系发生变化就理所当然了——必须适应人类对于传播的需求而适时调整。

人类对任何媒介的依赖绝不是简单的实物或形式本身，媒介必须能承载人们的认知、价值、情感和记忆等因素。传播媒介经历了从单一到综合、从简单到复杂的发展过程，这一过程与人类文明的进步同步。[1]

（一）媒介与技术的对接

人类在创造出大众传播工具之前主要使用图像、语言（文字和言语）、体语进行小范围、面对面的交流，图像、语言、体语就是人类最早的信息传播载体。

造纸术的发明和纸张的广泛使用，使人类社会出现了最早的大众传播媒介——手抄文本，如我国的西汉初期（约公元前 2 世纪左右）

---

[1]　胡正荣：《传播学总论》，北京广播学院出版社，1997：229.

的"邸报"和古罗马的《每日新闻》，都是新闻传播媒介的雏形。

印刷术的发明和普及，使大规模、大范围的信息传播活动成为可能，如世界上现存的最早雕版印刷书籍《金刚经》印制于公元868年（唐懿宗咸通九年），欧洲最早的金属活字印刷书籍《圣经》印制于公元1456年，世界上现存最早的印刷周报《报道与新闻报》于1609年印制于德国，世界上最早的印刷日报《莱比锡新闻》于1660年印制于德国，……19世纪30年代中期，《便士报》在美国纽约的出现，标志着第一种真正意义上的大众传播媒介的诞生。

1839年，法国人路易·雅克·曼德·达盖尔（Louis Jacques Mand Daguerre，1787—1851）发明的"银版摄影术"，使图像的快速、准确制作、保存和大众传播成为可能。

1893年，美籍塞尔维亚裔科学家尼古拉·特斯拉（Nikola Tesla，1856—1943）在迈克尔·法拉第发现的电磁场理论的基础上，在美国密苏里州圣路易斯首次公开展示了无线电通信，这也是无线电广播发明的基础。1906年圣诞节前夜，美国的费森登和亚历山德逊在纽约附近设立了一个广播站，并进行了有史以来第一次广播。1920年11月2日，世界上第一座领有执照的电台——美国匹兹堡KDKA电台正式开播。

1895年12月28日，法国人卢米埃尔兄弟在巴黎的"大咖啡馆"第一次用自己发明的放映摄影兼用机放映了《火车到站》影片，标志电影的正式诞生。

1924年，苏格兰人约翰·洛吉·贝尔德（John Logie Baird）成功地在几米范围内发射了马耳他十字小画面。1925年10月2日，他终于成功地使年轻勤杂人员威廉·台英顿（Willian Taynton）的脸出现在电视机上，这一刻也被认为是电视诞生的标志。1929年英国广播公司

(BBC) 与贝尔德签订许可合同，采用他的发明试验性播出电视，电视正式成为大众传播媒介。

1946 年 2 月 14 日，由美国军方定制的世界上第一台电子计算机"电子数字积分计算机"（ENIAC Electronic Numerical And Calculator）在美国宾夕法尼亚大学问世了。ENIAC（中文名：埃尼阿克）的问世具有划时代的意义，表明电子计算机时代的到来。

1969 年，美军在 ARPA（阿帕网，美国国防部研究计划署）制定的协定下首先用于军事连接，后将美国西南部的加利福尼亚大学洛杉矶分校、斯坦福大学研究学院、加利福尼亚大学和犹他州大学的四台主要的计算机连接起来。这个协定由剑桥大学的 BBN 和 MA 执行，在 1969 年 12 月开始联机，这是因特网的起始。由美国国家科学基金会资助建设的，目的是连接全美的 5 个超级计算机中心，供 100 多所美国大学共享它们的资源的 NSF 网也采用 TCP/IP 协议，且与 Internet 相连。ARPA 网和 NSF 网最初都是为科研服务的，其主要目的是为用户提供共享大型主机的宝贵资源，随着接入主机数量的增加，越来越多的人把 Internet 作为通信和交流的工具，一些公司还陆续在 Internet 上开展了商业活动。随着 Internet 的商业化，其在通信、信息检索、客户服务等方面的巨大潜力被挖掘出来，使 Internet 有了质的飞跃，并最终走向全球，缔造了我们现在身处其中的网络时代。

（二）技术对媒介的影响

人类每一个事物和技术的发明，每一项自然科学和工程科技的发明与突破，无一遗漏地映射或直接作用于人类的生产活动和生活之中，那么维系人类社会的传播活动自然随之驿动，传播活动的基础媒介——图像和语言当然随之改变，图像和语言的关系也就有了多样的表现。

使用图像、语言（文字和言语）、体语进行小范围、面对面沟通的"部落传播时期"，书画同源受传播介质简陋、粗糙的局限，书写材料（如龟甲、金石、木板、竹简、锦帛、羊皮等）的笨重与昂贵等制约也是携带、存储不便的客观影响，再加上媒介符号形成初期原始型和不系统性，以文字为基础的语言沟通很难大规模展开，只要能达到信息交流的目的，又何必分你我、高低、主次呢。

造纸术和印刷术的发明及普及，使大众传播媒介正式出现，传播活动走出"部落"达到更加广阔的时空。科学的力量已初露峥嵘，天赋赐予和神秘未知渐归于精神层面，理性思辨渐进于大庭广众，阶层性、垄断性、抽象性的文字所获得的优越感也开始凌驾于图像之上，图像在这一时期仅成为下层平民获取神祇感召的工具，语图分体开始塑造西方强劲的叙述传统。摄影术的发明为图像赋予了全新的活力，瞬刻之间光影在溴化银底板上的感映所留下的斑驳，居然超越了以往任何刻画高手的经时描摹，因此跃然于报纸、书籍上的照片、图画又开始觊觎曾经的堂皇，语图互仿以求秋色共沾。

无线电波的多点投递居然让声音可以凭空而至，广播的出现让报纸大惊失色。广播简洁的制作流程让报纸直面了信息姗姗来迟的遗憾，言语的动听再次让眼睛溜出了文字的栅栏。报刊当然不肯坐等围剿，摄影照片、图画美饰和理性详尽的深度报道使报纸成功突围，还将图文并茂的报纸带上了新的台阶。

纷至沓来的电影和电视，再次将图像的感染散发开来，而且这一次美其名曰以文字和语言为基础，实则以缤纷的色彩和炫动的音响、如临其境的真实图像尽吸眼球。诗画合体、语图互文的图像与文字渐趋平常。但是，电子计算机来了，互联网来了。20 世纪 90 年代后，印刷媒介的影响力开始逐渐下降，文字文本的功能也日渐式微，取而代之的则是"图像"的大面积入侵。首先，人们把电视、电影设想为获取信息、接受知识和享受娱乐的平台，殊不知计算机硬件、网络通信、交互等技术和功能的突飞猛进，使媒介的内涵得以迅速扩张，新的媒介形式的出现让人们既措手不及，却又欣喜若狂。语言文字在这种境况下也迅速地与其他艺术门类和媒体展开互动，以适应传播格局的颠覆性巨变和大众审美理念的微妙变化，一些原被看作是新的文学模式，如电视文学（LTV）、网络动漫（FLASH）、广告或其他影视作品等，又快速地被更新的如搜索引擎、App、朋友圈、自媒体、短视频等排挤到边缘。在这个过程中，视觉文化重新获得了举足轻重的地位，文学艺术从生产、传播到阅读都不仅被消费化，更被图像化，图像在文学消费领域俨然成了新的霸主。这就是我们所说的"读图时代"。

二、媒介中的图文

"君子生非异也，善假于物也。"这是战国时期的思想家、文学家荀子所作《劝学》中的名言，即说君子（有学问有修养的人）的资质秉性跟一般人没有不同，只是君子善于借助外物罢了。孔子有曰："工欲善其事，必先利其器。"讲的也是这个道理。媒介，人类认识世界，维系社会，和谐发展的关键所在，就是我们必须要倚靠借重的外物，必须善加运用的工具，无论是对媒介本身还是媒介之媒介——图像与文字。当然，这首先必须从了解媒介，了解文字和图像在媒介中的表现方式和关系构成开始。图像、文字、语言（口语）在传播学理论中被称为媒介的传播符号或传播手段，同时也是媒介区别的根本所在。正是因为传播手段的不同，故而才会有不同的媒介形态，形成不同的媒介规律。

　　报纸，是纸媒中最具代表性的媒介，也是人类历史上最早出现的新闻媒介。以刊载新闻和新闻评论为主的、公开、定期发行的出版物，一般以散页形式出现。报纸是视觉媒介，通过印刷在平面纸张上的文字、图片、色彩、版面设计等视觉符号传递信息。报纸具有可以长时间保留和反复阅读的特点；图文并茂是报纸的版面特色，也因图文集于一体，所以给读者的自主选择性较强；而文字的叙述性和概念逻辑性强，也使深度信息和个性化信息传播成为报纸信息传播的优势所在。但报纸的制成品要经历采写、编辑、排印、发行才能到达读者的手中，时间较长导致了报纸的信息时效性差，资讯新鲜度不够是报纸的最大缺陷。报纸一般有日报和周报两种发行周期。

　　杂志和书籍是纸媒的另外两种主要类型。杂志脱胎于周报，也叫期刊，是定期（半月刊、月刊、双月刊、季刊）发行的出版物，书籍则没有出版周期。杂志一般以周期性的、时效性要求不高的综合性资讯、深度报道和评论为主要内容，与之平行的则是针对特定行业、人群的专业性杂志。书籍是根据不同主题，记录各种知识和思想的制装成卷册的著作出版物。

　　广播，是通过无线电波或导线向广大地区传送声音符号的传播媒介，属于依靠人的耳朵接收的听觉媒介，是否依靠导线传输信号使广播分为无线广播（含卫星广播）和有线广播两类。从广义角度讲，电视也属于广播，但此处我们不将其作为介绍对象。广播是以播音员、主持人、被报道人物的语言声音和报道现场的其他声音、音乐、其他声音制品来传递信息，真实感和可信度高，感染力强。与报纸相比，广播的制作、传输、接受简单，环节少，时效性是所有媒介之首。特别是无线广播没有导线的羁绊，通过无线电波的传递可以将信息传播面扩大到无限远方（当然需要差转台的信号放大或卫星传送信号），而且不受时间限制可以全天 24 小时不间断播出。再加上技术进步使得广播接收器不断缩小，价格不断降低，现在通过手机都可以收听广播，因此，广播也成了最方便、最贴身的媒介。但声音的特点是转瞬即逝，声音也是按照文字顺序、音符顺序、声响先后成时间线性出现与传播的，所以所传播的信息保存性差、选择性弱是广播的最大缺点。

电视，是通过光电转换系统将图像、声音和色彩及时重现在远距离的接收机屏幕上的电子传播媒介，也是至今为止普及程度最高、影响力最大、传播效果最好的传播媒介，是否依靠导线传输信号使电视分为无线电视（含卫星电视）和有线电视两类。电视是一种视听合一的媒介，它依靠视觉符号和听觉符号同时向观众传递信息，其传播手段的优势超越了以往的所有传统媒介。电视依靠图像、色彩、文字、语音、音响，将新闻事件的现场、过程、结果，同时（现场直播）或不同时（后期制作或录播）地呈现在观众面前和耳边，生动、直观、真实且没有文化水平门槛限制，因而受到几乎所有人群的欢迎。但与广播相同（电视本身就是广播的一种形式），线性呈现的画面和声音以及转瞬即逝的特性使电视传递信息保存性差、选择性弱成为其最大的缺憾。

网络媒体，又叫新媒体，包括的类型和形态太多且至今仍不断有新的形态涌现，所以无法统计和列举。网络媒体是对依托互联网络进行信息传播的所有媒介形式的统称。可以笼统地这样说，网络媒体几乎囊括了所有传统媒体优点，屏蔽了所有传统媒体的缺陷。互联，互通！互联网信息双向流动的技术特性，为网络媒体提供了一个所有传统媒体几乎都不具备的优势——传统媒体的最大劣势——信息双向传播，而且是实时的，只要有网络信号。如果要挑剔网络媒体的缺点，那就是信息过载——信息多到用"爆炸"都无法想象其巨量之"量"。

但有人欢喜有人忧，喜欢的人觉得有选择真好，忧虑的人觉得多到无法判断，无从选择，因此对网络媒体提供的信息的公信力表示怀疑。

在上述四大类典型性媒体中，图像和文字的关系如何呢？在以报纸为代表的纸媒中，文字无疑是主角，图像起到的更多是辅助、说明、印证、延展和美化的作用，这样的图文关系从报纸诞生之日起一直延续至今，这也是纸媒适合用于进行信息深度报道、新闻背景分析、事件调查报道、知识详尽解读、思想有序传承的原因所在，所以纸媒也称为解释性媒介。而文字的掌握需要付出一定的经济成本和时间成本，报刊、书籍在古代也被称为"贵族媒介"，平民百姓能够购买和阅读的人不多。图像和文字在纸媒中的关系因文字的主导也让不少读者觉得鲜活度、生动性不够，所以对知识素养不高的人吸引力不够，故而在 19 世纪末，在两位美国报业大亨威廉·赫斯特与约瑟夫·普利策的竞争中掀起过一股"黄色新闻"的浪潮。"黄色新闻"的特点之一就是使用大版面、大尺度、极具感官刺激的图片和大字号、煽动性的标题吸引读者眼球。"黄色新闻"的这种图文关系变化反映出图像在纸媒中的地位也同样不可低估，因此"黄色新闻"的版式和图文特点随后也波及全世界的报刊、书籍，但其导向的低劣和粗俗最终为行业和社会所不齿，不同体制的国家对导向和社会风气的引导最终使"黄"花只是一现。不过在注重导向的前提下，它的版式风格和图文关系并重倒是仍在延续，从某种程度上讲对"抑文重图"起到了一定作用。

20 世纪 30 年代广播在世界各国的迅速发展，特别是 50 年代电视在发达国家普及之后，有人惊呼报纸将被广播、电视所取代。但随后的事实证明，报纸因为其特点所决定的价值并非广播电视所能代替，所以在随后的几十年甚至直到今日，报刊、书籍仍有其生存空间和现实价值，尤其是书籍。广播因为完全属于听觉媒介，传播符号也只是文字的声音表现形式，故而与图像的关系交集不多，要有也只是能利用文字的描述特性激活听众的想象力，从充满情感的诵读和曼妙的背景音乐、音效中，在脑海里自我想象和陶醉于臆想的画面场景，在此我们不做深入探讨。

电视视听合一，图、文、音并茂的特点，使图像和文字的关系呈献出多变的状态。根据科学研究的验证，人们通过视觉获得的信息占人们获得的信息总量的80%以上，来自听觉的信息占总量的11%左右；从记忆的效果看，人们能记住的信息通过听来的占20%，通过看到的占30%，边听边看能记住50%的信息。按照这些数据，尤其是电视信息接收门槛低、雅俗共赏、图像鲜活的特征，图像理所当然、也确实真切地成了主角。但随着电视节目的普及所带来的人们对节目要求的逐步提高，又加上频道数量的剧增和专业化频道的出现，电视台为了提高节目的制作水平，尤其是满足观众观赏节目时便利、美好、深入的收视体验，节目制作人开始在文字上做文章了，将图像和文字的关系带入到了一个更新的境地——请注意！这也是本书重点研究的问题，当然还包括在网络媒体中的图文关系。

网络媒体的图文关系其实现在有着一股非常强劲的思潮，从"读图时代"的名字就能看出图像的压倒性优势，同时也基于现代社会人们普遍的精神压力、生活压力所导致的时间碎片化、精神高度集中和无法陷入深度思考两种状态的矛盾性共存，使很多人对于非学习和工作所必需的阅读陷于浅尝辄止、浮光掠影式的"快餐式阅读"状态，因此很多人、甚至包括一部分学者和绝大多数新媒体从业人员，把"读图"当成了阅读主题和未来图文关系的趋势看待。图像与文字的关系真的就是如此吗？

三、媒介加速的双引擎

媒介的变化是基于科学技术的发展导致人们生产方式和生活形态变化而产生。媒介变化的趋势引领和细节完成又是如何实现，因何而变的呢？

文化！媒介，无论图像、文字还是媒体，本身就是文化的产物，是构成各个时代社会文化的一部分，对社会和人的影响看似无形无影，实则润物无声。有人认为，媒介是文化表述的工具，媒介符号的内容和形式对应着同时代文化的内容与形式；有人认为媒介是传播时代文化观念和行为范式的工具，媒介将影响人和社会的文化导向和行为同步；还有人认为传播活动是人们交往的一种仪式，其作用在于处理和创作符号，定义一个人们活动的空间和人们在此空间中所扮演的角色，使人们参与这一符号的活动并在其中确认社会关系和秩序。无论哪种观点，我认为，都是将人作为主体或核心，从人的角度去观察和定义媒介，主观色彩浓厚。我们尝试着从另一个角度考量呢，文化和媒介，我认为文化是媒介发展的趋势引领和推动者。

从奴隶社会到封建社会，农耕、渔猎和游牧都是人们的主要生产方式，社会文化围绕的主题是生存和适应世界，所以，图像是人们认识世界和相互沟通的首要方式，文字既因记录载体还处于形成和完善过程中，还因阶层分化等原因，图文关系由图像主导向诗画一律过渡，传播媒介逐渐形成。工业革命所带来的近现代社会，社会生产力得到空前的解放，机器部分取代人力，资本积累和贫富分化所催生的以科学、技术、艺术、财富、自由、民主为核心的文化，将理性和逻辑的需求导入人们的思维底层。因此，讲究理辩、严谨、思索、多金的社会自然诉诸文字的叙述。而随着科学技术的进一步发展，媒体由印刷媒体向电子媒介进化，媒介所能提供的除了沉闷、絮叨的文字和说教，人们还看到了照片里的自己（摄影），一个黑房间里的一束光将下班的工人、进站的火车搬到了墙上（电影），一个叫电视机的盒子里居然有人在挤眉弄眼，人们通过一根导线还能听到几百里之外的声音（电话），通过看不见的电波却能收到几千公里外的文字（电报），到处都能听到广播里的演讲和音乐……世界居然还有这么精彩的玩意儿，所以，图像的作用再次得到重视。当代社会更加丰富多姿的社会文化，加速推动着传播活动和传播媒介的发育和成熟，纸媒和电波媒体技术和形态基本定型，图像和文字各施所长，在各种媒体中发挥着各自或协同的效用，图像与文字之间的关系基本也趋于和谐稳定的局面，直到互联网诞生和普及。

中国著名哲学家、美学家和批评家邓晓芒在《什么是艺术作品的本源》一文中指出，艺术就其本来意义上并不外在于人类的物质生产，只是随着生产劳动中分工的发展和异化的产生，艺术性因素才逐渐脱离生产过程，而独立为一种专门用来表现"自由的生命"的特殊生产活动，即艺术。可见同属于文化范畴的艺术也是来源于物质生产并与之脱离，在文化的裹挟下虽独立却顺流于文化。同理，媒介的物质形式虽然是人的生产活动和科学技术所创造，但媒体和媒介符号在不同时代、不同的社会需求所塑造的文化的影响下，朝着不同的时代目标，不断在调整方向以趋同于社会的需求，也就是与时俱进。

"'价值'这个普遍的概念是从人们对待满足他们需要的外界物的关系中产生的"，① "是人们所利用的并表现了对人的需要的关系的物

---

① 《马克思恩格斯全集》，第19卷，人民出版社，1963：406.

的属性",① "表示物的对人有用或使人愉悦等等的属性",② "实际上是表示物为人而存在"。③ 这是马克思对价值概念的哲学界定。可见价值就是人的需要与事物之间的一种特定关系，是事物满足人的需要的一种有用性，是人的主观需要对事物本身属性的价值认可。人的主观需要和事物的属性是构成价值的两个元素，人的需要由社会决定，即由客观世界创造决定，并不以人的意志为转移。价值关系是一种社会实践关系，实践是为了取得人与客观世界的统一。

图像与文字虽然是人创造的，但由于是人在生产生活中创造的，是基于客观世界的创造发明，所以图像与文字的本质是客观的，图像与文字对于人的价值就在于满足人构建社会的需要，所以文字与图像的变化和发展以及它们之间的关系变迁，实质就是为了满足人类维系社会的适应性调节。

在大众传播媒介出现之前，人的需求首先是能生存下去，哪里可以打到猎物，哪里可以捕到鱼，哪里的果子好吃是交流的核心，图像是最形象的交流方式。尽管限于介质的发育还刚起步，文字尽管开始出现也体现出便于携带和概念交流的优越性，但还不那么迫切，图像的价值益发凸显。纸张和印刷术被发明后，人类社会已经形成阶级并相对固化，社会财富向少数人集中，统治阶层希望让大多数人臣服于他们的统治并为他们创造更多财富，于是礼教、伦理、道德的教化成为他们的统治工具，用文字来归纳、抽象它们所需要的说辞自然比图像更方便、更有效。当然由于平民阶层识字的人不多，说教之时再配以统治阶层勾画或认可的图像，让普通百姓觉得这是神谕或天命从而

---

① 《马克思恩格斯全集》，第 35 卷，人民出版社，2013：138.
② 《马克思恩格斯全集》，第 35 卷，人民出版社，2013：277.
③ 《马克思恩格斯全集》，第 35 卷，人民出版社，2013：277.

甘于被臣服的命运，效果更好，文字主导的书画同源、诗画一律更能满足统治阶层的需要。

报纸，人类社会最早的大众传播媒介，出现于 17 世纪，成型于 19 世纪 30 年代的美国，也就是工业革命开始之后约半个世纪。资产阶级对劳动效率和剩余价值的疯狂压榨，当然也寄望于机器和现代工业体系之雏形的效率最大化，而操作机器的工人如果能读书识字，学习和了解机器的工作原理，懂得思考总结工作经验以更进一步提高工作效率，也是资本家的愿望，同时，还要这些工人听话、遵守秩序和规则，所以，借助报纸、书籍的作用最为贴切。在印刷媒介漫长的发展过程中，文字凭借其载体的特殊性逐渐培养了人们的理性思维，影响了人们的认知心理，丰富了人们的想象力，扩展了人们接收信息和知识的广度与深度。作为传统报纸核心元素之一的图像，对于具体形象的表现、配合文字内容的理解和丰富也不能漠视，而且对不同人群审美启蒙或审美情趣的培养，也是枯燥呆板的文字缝隙中乍现的亮彩。故而这一时期图像与文字的关系调整为文字占据绝对优势的地位，图像只能退而求其次。

随着工业革命推进到 20 世纪后半期，西方进入了消费社会，摄影、影视、广告、网络等图像的生产和消费改变了人的生活方式，图像再次在人们眼前绽放出夺目的光彩，成为时代的显著特色。法国后现代主义哲学家吉尔·德勒兹说："电影采用一种画面自动运动，甚至一种自动时间化。""电影总是叙述画面的运动与画面的时间让其叙述的东西。"① 电影，作为图像与文字叙事两种传播符号完美结合的产物，在科学技术的撮合下获得了新的可能。随着电影的技术和艺术体

---

① ［法］吉尔·德勒兹著，刘汉全译：《哲学与权力的谈判》，商务印书馆，2000：67－69.

系成熟，它也从最初的直观魅力进入到文化图像的讨论范畴。电影具备了诗画结合的基本特征，但德勒兹认为电影只能更显示出其相对于绘画具有的真实性与广泛性，但仍然无法达到小说相对于人的心理的内在真实性。所以，电影并非图像与文字博弈的再次胜出，而是人的创作力为二者完美结合提供的可能性。法国电影理论家安德烈·巴赞说："银幕形象——它的造型结构和在时间中的组合——具有更丰富的手段反映现实，内在的修饰现实，因为它是以更大的真实性为依据的。电影艺术家现在不仅是画家和戏剧作家的对手，而且还可以和小说家相提并论。"① 电影的出现与发展并不意味着图像与文字被取代，二者的博弈不复存在，而是二者在一个新的领域下进行的完美合作，是现代科学技术为图像与文字的交流与竞争提供的平台。

电视的普及不但为其赢得了最具影响力媒体的名声，但也招致了"时间窃贼"的谩骂。美国学者尼尔·波兹曼为此写过一本《娱乐至死》，深刻批判了以电视为代表的图像文化，将其斥为足以让美国人"娱乐至死"的大众传媒。电视本身是无罪的，电视画面——图像的时代特征和人们对它的价值索取就是"娱乐"。所以在这一场对弈中，图像先胜一手。

图像和文字虽然从来就存在着相容与排斥的共生关系，固然其根本是因为现代科学技术的发展为图像的普及提供了可能，但人对媒介的价值需要却是修正图像与文字当下关系的操盘手。就如当下，"日常生活的审美化"在以媒体、网络、图像为特征的消费社会正是我们这个时代的特征。海德格尔在 20 世纪 30 年代中后期就指出，现代社

---

① ［法］安德烈·巴赞著，崔君衍译：《电影是什么》，中国电影出版社，1987：67 - 69.

会不仅是一个"技术时代"，更是一个"图像的时代"。① 麦克卢汉曾宣称："图画式的消费时代已经死了，图像时代已经来临。"② 丹尼尔·贝尔认为："当代文化正在变成一种视觉文化，而不是印刷文化，这是千真万确的事实。"③ 米歇尔认为我们已经进入"一个不仅由图像所再现的世界，而实际上是由图像制造所构成并得以存在的世界"。④ 新媒体美学和视觉文化研究中的摄影、电影、电视、动漫、网络、广告、杂志、标志、建筑、展览、服装、演唱会、身体、超级市场、体育赛会等无不与视觉和图像相关。如果说传统的绘画、雕塑等图像方式强调的是我们所看到的图像的所指层面，这些所指的含义决定了我们思考的方法和内容，那么当代的图像方式则是在强调作为能指层面的图像，我们看的方式以及我们怎样被引导着观看，这之中多数的观看方式删除了思考而直接把我们带入行动。所以，在现代社会中眼睛与视觉（visual）正成为沟通个体与社会、人类与自然、心灵与肉体之间的枢纽环节,⑤ 图文之间的争端得到了更突出的呈现，"文学图像化"现象是当代人价值观念的兑现，是图文关系在历史变迁中的当下特征。

奥地利心理学家、精神分析学派创始人西格蒙德·弗洛伊德告诉我们，人类不会放弃任何可能的享受。相对于文字来说，消费图像更方便、更舒适，得到的感官愉悦与直接的快感也更大。因此，在同样的条件下，人们自然更喜欢消费图像。但有人就举了个这样的例子：

---

① ［德］海德格尔著，孙周兴译：《林中路》，上海译文出版社，1997：72－73.
② ［加］麦克卢汉著，何道宽译：《理解媒介——论人的延伸》，商务印书馆，2000：213.
③ ［美］丹尼尔·贝尔著，赵一凡等译：《资本主义文化矛盾》，三联书店，1989：156.
④ ［美］米歇尔著，陈永国、胡文征译：《图像理论》，北京大学出版社，2006：31.
⑤ 尹德辉：《新世纪以来国内"图像"研究述评》，《文艺争鸣》，2010（10）：8.

在摄影、电子与网络技术产生之前，人们要得到欣赏图像的机会并不容易。他必须步行或坐车、骑马到剧院才能欣赏到戏剧与歌舞，必须到画廊、博物馆才能欣赏到绘画与雕塑，必须到建筑物的所在地才能欣赏到建筑。而且这些地方大都是公共场所，他不能随心所欲。此外，还有经济上较高的支出。而文字则不同，一本书、一张桌子、一杯茶，就能供他愉快地度过一个晚上。

因此，虽然电影在 20 世纪初就产生并得到人们的喜爱，但是由于电影公共消费的性质，它并没有对文字造成多大的威胁。两者基本上相安无事。只有当电视、录像、电脑、网络产生之后，图像的消费不仅变得容易而且成为家庭和个人消费行为，图像才成为文字强劲的竞争对手。

我们必须要看到，人的社会生活实践是图文关系变迁的实际操盘。在当下的社会生活实践中，图像和文字都需要各自发掘出适应时代要求的新生态。图像生产技术的每一次进步都意味着图像时代的每一步推进，但这并不意味着图像的泛滥就一定要取代阅读，图像就有能力取代文学。文字在图像的挤压下，放弃了一些原本所拥有的优势，但图像化也使文字获得了更多新的生存空间，如语言艺术仍在发展，小说、诗歌、散文、戏剧文学依然存在，新的文学形态如影视文学、网络文学迅速发展，与新媒介结合的新形式如手机文学、摄影文学、广告文学等更是无孔不入。因为在人类历史上，人们总是利用图片与文字彼此的传播优势，使得信息传播更加便捷高效，这个时代也不例外。

我们必须看到，无论是以文字为依托的报刊书籍，还是以图像为依托的绘画、电影、电视，都有各自的特点，从各种角度在展示世界、表达人的存在，这是文化的展现。通过画文关系变迁的探讨，我们并不是要单纯地尊重语言艺术，也并非单纯地尊崇图像艺术，而是要明晰二者的差异，尊重二者在反映自然与人的内在需要方面的各自优越性，这是对价值的尊重。我们还必须看到图像与文字所存在的局限，我们所追索的不是图像与文字孰高孰低的问题，而是将二者的差别如何融合、如何互补直至升华的问题，是理性的文字如何与感性的图像完美结合的问题。生产力与科技进步是图形与文字关系变化的根本原因，科技发展不仅导致新的图像类型如电影、电视的出现，也改变了图像中内容的自然时空秩序，而且使图像的大规模展开与传播成为可能。然而，透过理性严谨的文字叙述，透过变幻莫测的图像生产，越过身份、人种、族裔、性与性别、权力、阶级等这些文化研究话语，我们更应该清楚地看到，图像与文字的关系和时代的文化语境紧密相随，与人类对待的艺术生产与消费方式的价值取向紧密相连。文化导引在呼唤图像的时候，文字无须多虑，时代的叙述需要理性和严谨之时，图像映衬在旁。价值讲求实效，适用、便捷、舒服、方便，一用就知道，文化并不全是阳春白雪，讲求实惠也不一定是下里巴人，明确趋势看文化，摆正位置看价值。

人们无论生活在任何年代，都不会轻易放弃对事物意义和价值的追求，任何人都无法否认图像与文字完美的结合是人类发展和艺术前行的必由之路。精美多彩的视觉艺术不是削弱而是加强了语言艺术的审美感染力，精准传神的语言艺术不是抢占而是拓展视觉艺术的表现空间，二者之间的协同绝非单打独斗所能抵达的境界。科学技术的进步，特别是网络与多媒体的发展为图像与文字艺术的发展提供了强劲的支撑，时代的感召与精神的书写需要图文艺术与时俱进，效率和效益对审美形式的判断早已抛弃掉孰优孰劣的简单价值评判。善用最新科技，顺应文化主流，创造多赢共享的价值，是图像与文字关系的最佳定位。上帝手中的画板，不是谁都能够去动的，也不是哪一只"手"能随便动的。

"读图"读的是什么

美国哲学家 E·拉兹洛曾在他的《决定命运的选择——21 世纪的生存抉择》一书中指出，当今世界正经历着两个大转变，即世界信息化和世界全球化。然而当信息化和全球化席卷而来时，人们悄然进入了以互联网为支撑的后现代化时期，这一时期的一个典型特征就是传媒界进入一个以图片充斥眼帘的"读图时代"。[①] "读图时代"是信息化和全球化发展的产物，这个说法虽然是 20 世纪 90 年代提出的，但其渊源应该是 1938 年德国哲学家马丁·海德格尔题为《形而上学对现代世界图像的奠基》的演讲稿（又名"世界的图像时代"）中那段著名的文字："从本质上看，世界图像并非意指一幅关于世界的图像，而是指世界被把握为图像了……世界图像并非指一个以前的中世纪的世界图像演变为一个现代的世界图像；毋宁说，根本上世界成为图像，这样一回事情标志这世界之本质。"[②] 从时间上看，海德格尔于 1938 年 6 月在弗莱堡艺术科学、自然研究和医学学会上发表这个演讲的时候，电子计算机和互联网还没有被发明出来，拉兹洛 1992 年向罗马俱乐部提交这份报告的时候，互联网浪潮方兴未艾，如果将"读图"仅

① 郗璨璨：《论读图时代下新闻图片与文字的竞合关系》，西南科技大学学报（哲学社会科学版），2012，29（6）：101.
② ［德］海德格尔著，孙周兴译：《海德格尔选集》之"世界的图像时代"，三联出版社，1996：899.

仅圈定在互联网上，我认为过于狭隘。能够构成"时代"的东西，其覆盖面应该是这个时代的所有媒介，至少是视觉媒介。那么"读图时代"到底指的是什么？有准确的定义吗？"读图"是否就是看图片？"读图"是否不再"读文"了呢？

一、何谓"读图时代"

"读图"的"图"指的是什么？图片和影像，合并称为图像。图，是指用点、线、符号、文字和数字等描绘事物几何特征、形态、位置及大小的一种有形式的事物。图片是图画、照片、拓片等的统称，图片包括我们可以看到的平面介质上的图形、照片、绘画、剪贴画、地图、书法作品、拓片、传真、卫星云图、影视画面、X 光片、脑电图、心电图等等。影像是由光学设备，如照相机、摄影（像）机、扫描仪、显微镜、望远镜、镜子等获取，也可以人为创作并通过制作设备录入加工，如手绘动画等，最终由显示设备（包括投影、投射），如电影、电视、电脑显示器、手机屏幕等呈现的连续性、运动性画面组合，是人对视觉感知的物质再现。"读图"的"图"既有平面的、静态的图片，也包括按时间序列编辑而成的动态影像。

图像以线条、色彩、光电、固体材料或人体构成等具象的形式存在，其本身就是形象的，是对世界直接的、直观的反映，所以，其物质存在形式与世界的感性存在具有一致性。由于构成图像的点、线、面、光、色、影本身就具有各自的赋义功能，所以图像能根据人们视觉空间形成的原则直接对事物赋义。人们用感官把握到的图像形式虽然与外在世界的形式是一致的，但图像与思想的关系却是间接的、分离的，思想是文字承担的职能。不过，必须承认我们在观看图像时，更主要的目的不是感受其外在的形象，而是在领会其中的意义，哪怕就是看一张风景照片或一张婴幼儿的涂鸦，看风景是放松心情，看涂鸦是爱抚童趣和稚嫩。图像由于其直观、直接的特质，无法也不可能与思想形成直接、同一的关系，这当然不是指图像中没有思想，或者通过图像不能保存、表达、交流思想，我们看图时的轻松、惬意，实际上是在运用语言。思想只能含蕴在图像之中，两者之间虽没有直接、固定的联系，但我们已经把思想抽象出来，以概念的形式保存在我们的脑海中，在思考、表达和交流的时候很自然地就用到了。例如我们看到五星红旗就想到了祖国、爱国，看到路口绿灯转为红灯就想到停车等待，看到池塘水面成对的鸳鸯就想到爱情、白头到老等思想与图像的符号化的、相对固定的搭配。所以，我们看图时的轻松、惬意，实际上是在运用语言。

图像因其特有的视觉冲击力吸引受众眼球，基于业已形成的海量图像和文字的固定搭配，诸多深奥、专业的问题，一个简单图示或表格就能将复杂问题简单化，一段拍摄于日常生活的视频就能凸显一个平日里不被人们重视的道德修养问题，既形象直观又容易被受众接受，这也是图像传播的高效能性。大众传播的核心社会功能是向社会成员传播资讯，读图需求并不是简单地追求图片的大量堆砌，而是科学、合理、适度地使用图片。"读图"并不是对"读文"的简单代替，停滞于视觉的快感和轻松将可能导致信息量的丢失和解读流于肤浅。图像本身和图像对资讯传播起到的正面促进作用，应该是用图和读图的宗旨依归，所以，"读图时代"不是对文字阅读的抵触。

图片具有两种释意的方式，一种是指涉，一种是示意。"所谓图片的指涉功能是说图片中描绘的事物就是现实的事物，这种图片传达的意义是一目了然的，然而图片的示意功能则是指当图片需要表达抽象的意念、状况和想法等无法直接说出的东西时，不论是据实描绘还是用暗示的手法呈现，都可以借助图像本身的质地与包含的物件显示出来的。"影像除了指涉和示意的功能以外，还有陈述和展示事件发展过程及人物个性，交代时间序列的功能。所以，"读图"不仅要读出图像的指涉意义，还要从图像中了解人物，还原事件发生的原因、过程、结果，最终通过画面或影像由表及里，由浅入深地获悉事件完整的信息和丰富的表征世界，认识图像之中人物的喜怒哀乐，领会图像之外的思想意义，从而获得多样化的审美经验和看图价值。随着社会、科技、媒介的发展，人们认知世界的能力与方式也不断进步，人们对于图像的最初认知是"看"，现在越来越多的人认为图像应该是用来"读"的。"看"图是一种直观的、感性的阅读活动，只是追求感官刺激而无须深究图片背后隐含意义的浅阅读；"读"图是一种理性的、伴随思考的阅读，不但要通过图像获得最大化的信息量，还要收获阅读之后更深层次的心理体验和认知升级。所以，"读图"不等于看图。

基于以上分析，"读图时代"是指依托于原有的传播媒介和刚刚兴起的现代网络技术媒体，利用图像的特点和功能，以实现当今社会价值观念的传播效应在空间和时间上的最优最大化为目的的大众信息传播时期。

二、"读图时代"的阅读特征

"读图时代"是针对以文字阅读为主要资讯传播手段的时代而言的，这个时代的阅读具备以下几个显著特征：

第一，图像的普遍性。在读图时代，无论什么品类的媒介载体，也无论哪种资讯内容体裁，无论人处于何种时空状态，图像无处不在。首先，电影、电视、网站、网页、电脑、手机、报刊、书籍，无图不欢。即使最严谨、最古板的科学期刊、专著，如果从里面的图表、图示、扉页、插图到外面的封面、封底，只是白底黑字地印上书名、作者，那么就算它有再高的学术价值和知识领先性，也不要奢望在书店的货架上能得到一个好的位置，在没有人发现其内涵价值并进行广泛地传播之前，更不要奢望洛阳纸贵的局面出现。电影、电视、网络视频本身就是图像为王的媒介，这不在话下，但电台广播也如此吗？一种以言语和声音为传播符号的听觉载体，难道也需要图像吗？当然，广播电台在电视、网络视频、户外广告牌和公共交通媒介上做宣传早已不稀奇，广播电台的微信公众号、路演推广、宣传品的运营水平，在现今的所有媒体中恐怕是水平最高的，做得最好的。其次，从幼儿绘本到学术专著，从招聘广告到哲学课件PPT，从动漫电竞到电视政论片，以图吸睛不在话下。再次，不管是在上下班途中还是地铁、高铁、公交、飞机客舱里，也不管是马路两旁、偏僻的乡村集镇还是摩天大厦、商场超市，人们一路与图相伴，到处图像攒动。信息海量叫"信息爆炸"，图像肆虐可否叫"图像洪峰"呢？！

第二，图像的便捷性。读图时代使人们获取知识和信息的门槛被尽量拉低，信息传播的速度大大加快，空间极致拉近。"读图"对于受众的文化素养要求不高，基本上只要你能听得懂说话，看得懂基本的图示、图形，就可以参与到"阅读"当中，成为信息和文化的受益者与传播者。"读图时代"的"阅读"不再是一种可以标榜学识修养的身份象征，也不再是一种知识分子的文化行为。5分钟之前发生在你隔壁邻居家的事情，可能你是全世界最后才知道的人——或许你正在忙其他事情却恰好没有上网看资讯，也没听见邻居的敲门求助，你在写老板明天就要的报告而没有上网看资讯，而网络上都在传播或转载发生在与你家一墙之隔的"大事件"。而网络图像和视频可以让你时刻与老婆、父母相伴相随，即使你在昼夜颠倒的美国上班、学习，只要你把手机或电脑的在线视频打开。你甚至还可以在逛商场的时候请闺蜜帮你建议一下包包的款式和颜色，可以和剑桥三一学院的学生同时上同一节数学课，如果你听得懂的话，当然，这节课还得是有网络视频直播的哦。"读图时代"使"阅读"无惧时空阻隔，更具认知效果，只要你愿意"读图"你就会有所收获。

第三，图像的多维性。"读图时代"使阅读成为一种多维度行为。从时间维度看，你在获得一个信息之后的所有时间里，你还将在私家车的电台广播、路旁的 LED 显示屏、办公室里刚到的报纸、手机和电脑中，从不同的信息发布者采自不同渠道和角度的播报中，对该条信息进行多方位的了解；从空间维度看，只要你愿意你可以打开电脑搜索关键字，对那条信息中的某一个关键点，看到新闻当事人、旁观者、本地媒体、远在地球另一边的媒体、拥护者、反对者的所有言论。这在文字阅读时代简直是不可想象的事情，在那时对同一信息点，最能给我们提供不同时空维度详尽报道或记录的地方就是图书馆，最便捷的方式可能就是复印机，否则，你就只能自己带上纸笔动手抄写。现代"读图"的方式已经"立体"起来，传播的意义也已超越了内容本身的价值，影响并改变了人们的理解和思考习惯。

第四，图像的肤浅性。"读图时代"的"读图"正因为面对文化和知识储备参差不齐的所有人，以资讯到达高于资讯深度为"图像"制作的主要标准，造成了资讯源头——图像制作者自己不求甚解，道听途说，人云亦云的浮躁作风，所制作的图像本身就是肤浅的。而受众除去文化水平的差异，工作和生活的压力也使得人们心难静，欲难平，学难精，知难尽，看新闻一掠而过，看评论标题即可，看背景没兴趣，看理论没时间，造成了快餐式的浅阅读模式。由于传收双方都受到浅阅读思维的影响，一则信息内容的质量和公信力大打折扣，好在网络造就的规模化和量变积累，不至于使理性、深入、客观的内容产品全军覆没，但受众接触到这样的内容所花的时间成本和精力需要更多；另一方面道听途说、信息不对称、传谣、信谣甚至造谣所造成的后果有时祸国殃民。对此，尤其值得警惕。

第五，图像的互动性。这是"读图时代"最大的特点，也是最大的亮点。我们在前面已经提到过传统媒体共同的、最大的缺陷就是信息传播的单向性，即信息只能由信息制作者向受众传播。虽然，互联网出现之前写信、电话、传真等通讯方式的逐步发展，也能给受众提供向信息制作单位，如报社、出版社、电视台、电台提意见、建议的渠道，但时效性较差，反馈效果无法保证。而且即使有受众反馈，但有些舆论导向的错误、无意的编辑错误等等，对社会和民众的负面影响已经造成，对媒体自身的形象也是伤害极大。而互联网的去中心化、信息收发同步、实时在线的技术特点和技术所提供的互动功能，使信息制作和发布不再被报刊、广播电视台等媒体垄断，哪怕你身处荒漠，或是外国，只要有网络信号，你就可以成为世界的信息之源，你就能成为热议的"网红"，你就可以与你相隔十万八千里的任何人互动交流。更深一层，就是"读图时代"赋予图像与文字的另一层新的关系——图像与文字之间的互动。这种互动关系不仅是对源远流长的、原有的图文关系的全新补充和延展，更深层次的是我们如何挖掘和利用这种互动关系，开启人与图像和文字之间的融合、补充、互文、互图、延展、演绎所生发的思想、意义的互动——这才是我们追求的、最有价值的互动。所以，"读图时代"的这一特征正成为我们研究探讨的重要课题。

三、"读图时代"的"图"

图像和文字作为传播活动中的媒介之媒介——最基础的传播符号，在人类的传播史中都有过领衔主演的显赫。但人们的选择和倚重绝不是简单的形式优劣或主观臆断，孰重孰轻必定与当时的文化趋势相顺应，与人们的认知、价值、媒介等因素密切关联。图像和文字虽然表现形式不同，职责和能力各有差异，但它们所要达成的任务是一致的。中国社会科学院文学所研究员、数字信息室主任陈定家教授曾经总结道："人们喜欢图像并非源于人们对文字的恐惧、疲惫或反动，而是当代文化发展的自然走向。值得注意的是，图像虽然作为阅读的重要内容出现，但它超越了资料性和欣赏性，网民从中不仅仅得到视觉冲击、审美愉悦，更重要的是获得一种文化熏陶。"

"读图时代"的"图"就是读的内容，由图像和文字组成，从职能上看依然需要各尽其责：图像主要表现生动形象，产生视觉冲击力和审美体验，唤醒情感；文字主要传达思想，体现深度，催生理智。使受众被图像吸引，为文字感动，促进图像和文字形式和谐，思想交流的和谐共生局面，并使图像与文字的传播内容和表现形式交相互动，从而实现信息的优化传播。所以，"读图"的"图"应该遵循：文字向外读，图像向内读，图文联系读的原则。

首先，文字向外读。可以从字形和字义两个角度进行文本建构和品读。正因为是以"图"为核心，所以在文本的撰写和品读时应该充分利用汉字的象形特征，使文字摆脱叙述和阅读的原生定位，将文字转化为具有视觉情境的图形，进行文字的图像化尝试。可以尝试将文字结构解读为图像造型，把文字看成一种特殊的图形，因形至意；也可以从意义上将特殊的图形与文字本身的含义相联系，因意造型。在洞悉文字本身含义的基础上，发散思维，以可行和可被理解接受的逻辑，演绎拓展文字的外延，使其意义得到生发，延展到其他原本没有关联的领域和范围。解构字形的手法通常被用在平面的图文作品中，如报刊、海报、传单等。在核心概念、宣传重点、版面设计中使用解构字形的手法，往往能起到事半功倍的效果。从图像本身出发寻找字义的匹配，既可以是顺理成章的意、形过渡，也可以是逻辑自洽的创意演绎，前者给人心领神会的默契，后者给人意料之外，情理之中的折服。因形至意也好，因意造型也罢，都是走出文字理性严谨的庄重，而以浅表的外在结构引人入胜，互动图像。

第二，图像向内读。图像是"读图"的主角，其本身就是形象的，是对世界直接的、直观的反映。我们在前面也认识到观看图像时，更主要的目的不是感受其外在的形象而是领会其中的意义。所以，挖掘图片的内涵和深度是制作图像和"读图"的另一个维度。审美需求是图像制作首要关注的。大家都知道，一张没有审美冲击力的图片，无论是照片还是手绘，抑或是PS电子图样，没有一定的视觉焦点、构图章法、色彩搭配，还有创意，是不会引起任何人的关注的，除了你自己。在这个单反不再专业，手机也是相机，P图已不是技术的时代，图片的制作已是寻常之事，没有美感的图片只能是自娱自乐的自我消遣。图像的思想性是决定一幅图片或一则影像能否被人关注、被人议论进而进入大众传播领域的决定因素，一张有思想内涵的图片、一条蕴蓄文化底蕴的电视短片、一部震撼心灵的电影，除了图像本身的审美感受，能留在你记忆深处令你久久不能忘怀的，或许是父亲额头如刀刻般的皱纹和枯树皮一般粗糙的双手，或许是风浪中执着打捞海货的人们对美好生活的向往，还或许是血火洗礼的芳华却被现实时代遗忘的凄怆，给人回味，发人深省，引人共鸣。这样的图像首先就是创作者自己对生活的感悟、理解，体现了创作者的文化素养和对图像制作的把控能力。这样的图片还需要受众的接纳，让图像中传达的情感、思想、观念、认知在传播通道的另一端产生共鸣。虽然我们认为，人们不会仅仅流连于图像的鲜活表象，应该会追求其中的深刻含义和情感密码，但是，这只能是美好的愿望。人上一百，形形色色，在现代社会，我们除了不忘专业的初心之外，需要做的可能还要更多。一个深刻的道理，你首先要给它一件吸引眼球的外套；一个影响深远的事件或人物，你首先要截取图像中最能刺激感官的画面包装它（他）；一个需要反思的现象，你首先要戒掉的就是语重心长。当然，美终将被欣赏，深刻终将被刻画，否则要愿望何用?! 从外在的美学形式向心灵的审美情趣深化，这既是图像制作者的追求，也是"读图"的"图"能给予受众的献礼；从有形的结构色彩向无形的思想境界升华，这既是感性的外在向理性的内在渗透，也是"读图"的"图"与"文"的互动。

第三，图文联系读。"读图时代"是因为网络时代而被提出的文化概念，但"诗书一律""语图互文"并非现在才有的学理总结，而是古已有之，现已认知的通识。不过，"读图"在此基础上应该更进一步——图文联系读，再说白一点，就是图像与文字在现代的"图"中要能产生互动。我所说的互动包括两层含义：一是图像和文字之间的关系互动，二是图像与文字并存一域时触发受众思想与之互动。

复旦大学的申小龙教授认为，由于互联网的普及，"当代汉语的形态发生了急剧的变异，各种新的语汇、新的字符、新的语法、新的语用，甚至新的语境，层出不穷，令人应接不暇。网络语言在这股语言变革大潮中始终处于潮头的位置"。我们应该早已发现，一些由文字、字母及电脑内置的特定符号拼接组合的意象符号成为现在人们网络交流的常态图案，语言符号的图像化就是图像与文字关系的现代特征之一。"：－）"，这是现代网络交流中的第一个表情符号，于1982年由美国卡内基·梅隆大学（Carnegie Mellon University）的斯科特·法尔曼创制出来之后就迅速风靡全球，以此为起始，大量的类似形象符号成为流行于现代网络世界的重要交流意象，由文字、字母、数字符号、各种标点、图形拼接组合的特定的图案被纳入现代社会的表征体系中，成为"读图时代"的显著标识。发展至今的网络表情符号不仅有"：－D"代表大笑，"：－（"代表忧郁，"^－^"代表嘻嘻，"^－3"代表抛媚眼的抽象符号，随着聊天和制作软件的开发，以真人、实景为要素的"表情包""场景包""情绪包"等图像符号，以及可以呈现一小段人物或场景动态的动感符号，也在网络世界风生水起，并且静态符号、图像符号、抽象符号也走出网络，进入了纸媒领域。这些网络符号的盛行既因为技术发展而制作简单易得，也出于现代受众对文字输入和阅读疲劳的排遣所需。这些由计算机和互联网技术创造出来的各类图形、图像化符号，本源就是文字和图像，在人们的网络社交中已经被当成了一种文字在使用。这些符号又有着图像的一些特点，如直观、生动、传神等，不过对这些符号的掌握也是要随着网络社交的经验累积才能逐渐熟练。

这些图形与图像符号与语言文字在网络交流中一般混合使用，在电脑和手机键盘中可以像输入文字一样随时调取，甚至在一些经常交往的网友、网络社区、朋友圈中已经形成了思维习惯的高度默契，利用键盘就可以随时创造一些只有他们自己可以明白而外人完全不懂的符号，在协助语言文字交流的同时也强化了双方的情感交流。这些交流符号在某些场合能表达文字所不便于表达的含义，既可以避免交流时因观点不合可能引起的矛盾或尴尬，又可以无须语言却可以直观表达更加浓烈的情感，在一些特定的交流场合还可以用含蓄的方式表达特定的意义，替代烦琐的语言陈述和回复等待。图形与图像符号不同于普通的图像和文字，各种表情符号大多是采取对某个部位或动作的夸张、放大、动态化来强化情感表达，经过电脑合成处理的图像更是营造了轻松有趣的交流氛围，化解了语言文字交流中可能遭遇的沉闷和矛盾，推动了语言文字交流的顺畅与深入。不过，我们也必须看到，这些图形与图像符号只是语言文字的补充与延展，它们不能完全替代文字来承担独立叙事的职能；这些图形和图像符号只是图像的辅助与写意，它们只能表达简单的情绪和情感，很难承载更为深刻的意义。最关键的是，这些符号不能脱离语言文字单独使用，一旦脱离特定的交流语境，缺乏与文字的互动演绎，这些符号的表意功能将大打折扣，甚至扭曲，或者完全丧失符号本身的特定意义。

　　图像与文字并存一域，也就是图文一体时，触发受众思想与图像和文字互动是"读图"的一种较高境界。英国学者迈克·费瑟斯通认为，20 世纪以来一切致力于消弭艺术与日常生活边界的美学实践均为"日常生活的审美化"，它不仅蕴含着"把生活转化成艺术"，同时也意味着"把艺术转化成生活"。就日常生活实践而言，艺术与生活边界的消弭在很多场合是通过生活世界的符号化、图像化实现的，或者说图像成为联通生活世界与艺术世界的主要媒介，现实生活中大量的广告、报纸、杂志、影像无不如此——这就是图像和文字与受众生活审美情趣的互动。由此，我不禁想起多年前听到的一个传说。某高级领导到某地视察时发表了重要讲话，当地媒体踊跃报道，次日，领导翻阅当地发行量较大的一份报纸，头版头条当然是领导视察讲话时的照片和讲话内容，领导很欣慰。当他目光下移到最下方时情绪骤变，当地领导到来时马上感觉到气氛不对，询问领导秘书也不得要领，只知道是看报以后领导不悦。找来报纸一看，马上就知道了症结所在：原来报纸头版最下方的通栏是一则房地产广告，美景美宅的介绍文字也不多，房价那年头也没像现在疯涨，但最醒目的广告语却是：一切都是废话，赶快行动吧！意思就是用不着介绍那么多具体的景观、户型、配套了，尤其价格又这么低，赶快行动，到现场去看、去了解，赶快去买房！其实这则广告真没问题，无论是策划创意、版式设计还是广告语，不违规不违法也有一定的冲击力，但是，问题就出在排版上！整个版面的上部3/4是领导视察的重要讲话，你的报头和文章标题都已经点明了，而你最下方的广告里最显著的广告语（字体肯定不小）却说："一切都是废话，赶快行动吧！"平心而论，稍稍有心的人摊开报纸一看都会摇头苦笑或是讪笑，可想而知那位领导心里的感受——这就是互动，一个尴尬的互动。

"读图时代"的"图"当然要体现传播品质的进步与发展追求，虽然图像对文字地位的弱化成为这个时代显著的文化现象，图像在满足受众视觉享受和"眼见为实"的心理需求的同时，也成为人们获取信息最重要的方式，但大众传播的目的绝不可能滋生对图像的单纯依赖，绝不可能放弃文字对图像传播不足与缺陷的弥补，即使是"读图时代"的策源地——网络媒体也不例外。我们前面仅仅提到了网络社交的图像符号，更多的网络媒体图文互动将在后面详述，在此我仅再提一个网络文本模式：超文本。超文本本身包含了许多交叉链接，链接实现了对文本的说明、补充、拓展，因而提供了非线性阅读的可能性。关键字"非线性阅读"，我们都知道线性阅读是文字的阅读模式，而非线性阅读就是图片的阅读模式——用图像的特征来解释网络文本的特点，这不是互文吗？这不是互补吗？这不是互动吗？这不就是使受众在心里构建起超文本的心理图式——形成更高级的互动吗？

现代社会符号与图像传播的兴盛，语图实现"一体化"的表征，"读图时代"的来临，就是日常生活与艺术互动的根本逻辑之于我们这个时代的投射。承载意义传播的文字被赋予了图像化的形式特征，使文字兼具了信息传递与审美两大功能；承载感性传播的图像被赋予了语言化的理性内涵，使图像兼备了美学感染和引人入胜两大能力。图像中的蕴含，不同的人有不同的感悟和认知；文字上的表现，不同的人有不同的洞见和品味。"一千个人眼中就有一千个哈姆雷特。"读文时代向"读图时代"的转变将不可避免地动摇文字的原有地位，但"读图"之图亦非昔日之图。图中有文，文中有图，图文之间的竞争正不断拓展着文字的发展与传播的空间，图文之间的融合互动正迎合着当今世界对信息生活与审美的需要。"读图"读的是什么？读的是图像与文字的互动，读的是图像与文字的双赢。

"二元"与"两极"

我在学习和整理研究资料的时候拜读了杨继勇教授的论文《论图－文关系等视域的世界图像化时代的命题之困》时，看到杨先生对文字和图像两大语言符号冠以"图文二元"的简称，不禁泯然一笑，随口对同事玩笑着说道："'二元'是钱还是缘哦?!"

图文好比"两极"，当然指的不是地球的南极和北极，我只是用它们做个比喻，用"两极"比喻图像与文字的关系中两种截然相反的理论坚持——文字高于图像和图像高于文字。其实这两个观点只能说是这两个阵营的大本营、核心点，它们可以有各种不同的表现状态，如拒绝视觉艺术、文字中心论、图像中心论、图像取代文字等等。虽然，地球的南北两极各在一端，从地理距离而言相隔遥远，但它们都既有着如都地处高纬度地区，受太阳直射最少故气温极低，长年冰雪覆盖，交替每年中半年为极昼、半年为极夜等相似特点，也有着如一南一北，一个是陆地（南极洲）一个是海洋（北冰洋），有些动物仅存在于其中一极（南极洲没有北极熊而北极有，企鹅仅南极洲有而北极没有）等差异极大的特点，不过它们并非各不相干，互不发生影响和关联。它们都是地球的冷源，随着地球的公转不断地向赤道地区输送冷空气，吸收暖湿气流，形成大气在全球范围的循环和流动，这也是我们经常听到或遭遇的台风、热带风暴的主要成因。还有一种猜测性说法，南北磁极也会移动甚至发生翻转。因此我想，地球南北两极的这些特点和相互关系与图像和文字的关系，不也有着异曲同工之妙吗？这就可谓是"缘"。图像与文字作为传播活动的基础性介质都有着自身的特点，属于两种符号类型。虽然它们各自的特点也有着相同和不同之处，但它们都是对世界的表征，都是为人类社会服务，维系着人类社会的底层逻辑，通过它们之间相互关系的变化更新着人们对世界的最新认识。

然而说是钱其实也并不过于勉强，斯蒂芬·贝斯特和道格拉斯·凯尔纳在《后现代理论：批判性的质疑》中提道："艺术形式已经扩散渗透到了一切商品和客体之中，以至于从现在起所有的东西都成了一种美学符号。"[①] 费瑟斯通认为："消费文化标示着消费不再是一种效用或者使用价值的简单实现，而是变成了符号和形象消费，其着重点在于有能力无穷无尽地重塑商品的文化或象征层面，使它更适合充

---

① ［美］凯尔纳，贝斯特著，张志斌译：《后现代理论：批判性的质疑》，中央编译出版社，1999：175.

当商品符号。"① 正是因为视觉形象在商品流通中所发挥的作用机制，现代社会主体对商品的消费日渐转化为对商品形象符号的消费，人们对商品的追逐与膜拜某种程度上是通过替代商品的视觉符号来实现的，如追求奢侈品和品牌的人群对品牌（Logo 或标识）的重视程度，甚至超越了对商品本身使用价值的需求，同类商品因品牌而产生不同的溢价能力等等即是证明。所以，语图的"一体化"表征将枯燥的文字表意演变成为图像化的意义书写，既实现了文字符号的表意目标，同时又增强了文字本身的视觉感。"读图时代"图像与文字的关系的价值观体现，当然与钱相关。

　　中华民族历来有着崇文重礼，重情尚义的文化基因，文化表达讲求开合有度，张弛有法，刚柔并济，文风偏重于含蓄细腻，论辩与抒情糅合。西方世界尤其以欧洲为代表的国家和民族，以"文艺复兴运动"为近代文化的开端，追求以人为中心而不是以神为中心的人文精神，主张个性解放和平等自由，提倡发扬人的个性，追求现世幸福和人间欢乐，提倡科学文化知识，推崇科学方法和科学实验，人们坚信自己的眼睛和自己的头脑，相信实验和经验才是可靠的知识来源。所以，他们的求实态度、思维方式和科学方法反映在文化表达上就是理性的叙事传统。因为文字体系的差异，中国与西方的传统诗画观也不尽相同，中国古代以诗歌取胜，王国维所谓"先秦之散文，唐之诗，宋之词，元之散曲"。明清小说虽然取得了巨大的成就，但在中国传统的诗画理论体系中并不被重视。而西方的诗涵盖的是文学作品整体，亚里士多德的《诗艺》就是文学理论，《拉奥孔》也是文学理论，叙述传统延续至今。中国古典美学中关注的是语图关系"同"的一面，

---

① ［英］费瑟斯通著，杨渝东译：《消解文化：全球化、后现代主义与认同》，北京大学出版社，2009：105.

那么西方美学则更为注重诗画关系中"异"的存在。自文本文学兴盛开始，图像对于文学的重要意义之一是它的传播作用，图像艺术的繁荣就极大地推动了小说、戏曲等文学形式的民间传播，直至近现代文学的"大众化"，并成为"中国文学现代转型"助推的强大力量。西方社会对待图像和文字的关系认识上直到现在还是以"异"为主导，随着"读图时代"的推进，也开始思索"同"的理据和实践。倒是西学东渐，包括以鲁迅、朱光潜、钱钟书等为代表的、众多深刻影响中国文坛的作家、理论家和思想家，走出"诗画一律"的书斋文化，以"同中求异"的目光和思索，思考汉语文化体系中图像与文字的关系。

一、图文二元之同与异

鲁迅先生一生钟情于绘画艺术，虽然他几乎没有创作过绘画作品，但是对于美术史论、美术教育和美术创作的评论、译介、组织和推广却做出过重大贡献。鲁迅先生在所有绘画类别中特别喜欢版画，这种偏爱或许是他那犀利的文笔和是非分明的个性与版画的黑白逻辑极为吻合的缘故吧，以至于他被誉为中国现代版画运动的精神领袖。作为文学家的鲁迅特别注重自己的文集、译著、编著与刊物等的插图和封面设计，有时还亲自为之，如《坟》的扉页装饰图、《朝花夕拾》后记中的"活无常"插图、《华盖集》、《呐喊》、《花边文学》等众多文集的封面都是他亲自设计的。他曾说过："书籍的插图原意在装饰书籍、增加读者的兴趣的，但那力量能补文学之不足。"鲁迅小说是中国现代文学史上被图绘最多的文学作品，丰子恺为鲁迅小说创作了149幅插图作品。"我把它们译作绘画，使它们便于广大群众阅读，就好比在鲁迅先生的讲话上装一个麦克风，使他的声音扩大。"①

　　丰子恺先生如是说，他谦逊地把自己的创作当成对原著的翻译，既表达了忠实于原著，也是在提醒读者，插图只是为了"便于阅读"而不是要"代替阅读"，他的漫画"图说"不能代替原文的"言说"，"图说"只是为了撩起阅读原作的兴趣。鲁迅先生注重对自己作品的图像装饰和"补文学之不足"，这说明他将语言叙事和图像展示看作是相辅相成的统一体，二者的相互映射可以起到事半功倍的效果。

　　中国现代哲学家、美学大师、诗人宗白华先生在《论中西画法的渊源与基础》中指出："在画幅上题诗写字，借书法以点醒画中的笔法，借诗句以衬出画中意境，而并不觉其破坏画景（在西洋画上题句即破坏其写实幻境），这又是中国画可注意的特色。"② 当诗与画合为一体时，本身就具有象形性的汉字诗文与绘画浑然天成，构图和意境相辅相成，二者之间不但没有任何不和谐之处，还不可分割。用宗先生的话说，这是中国艺术中的一种独特的现象，而且并不鲜见。现代作家、文学理论家钱钟锺书先生在《读〈拉奥孔〉》一文中就明确表达了抽象艺术高于具象艺术的根本观点，时间艺术高于空间艺术，诗歌作为语言艺术，诉诸时间与精神，自然在艺术的等级秩序中超越于绘画之上。宗白华先生在《美学散步》中论述画和诗的关系时也指出："蓝溪白石出，玉川红叶稀"可以画出来成为一幅清奇冷艳的画，但是"山路元无雨，空翠湿人衣"二句，却是不能在画面上直接画出来……画和诗毕竟是两回事。③ 这说明现代中国理论界也出现了诗歌

---

① 肖振鸣编：《丰子恺漫画鲁迅小说集》之丰子恺《绘画鲁迅小说·序言》，福建教育出版社，2005：5.

② 宗白华：《论中西画法的渊源与基础》，《美学散步》，上海人民出版社，1981：102.

③ 宗白华：《宗白华全集》第三册，安徽教育出版社，1996：285.

高于绘画的观点，思辨图像与文字的同源和异质的问题，而且很多研究的出发点都源于莱辛的《拉奥孔》。

如湖南师范大学的赵炎秋教授在《异质与互渗：艺术视野下的文字与图像关系研究》中明确地对文字与图像进行了同质性和异质性的对比分析。他指出："文字也是靠视觉把握的，从这个意义上说，它与图像有共同之处。但是这两种视觉把握是有区别的。视觉对图像的把握是直观的把握，通过感官把握到的形式与在心灵中形成的形式是同一的；而视觉对文字的把握则是间接的，通过感官把握到的形式与在心灵中形成的形式是不同一的。……文字与图像虽然都是经由视觉把握，但两者是不同的媒介，语言艺术很难归入视觉艺术的范围。"① 他从文字与图像不同的性质、特点和艺术生产与消费的方式等方面，总结了二者的异质性。他认为，图像直观地表现世界的感性存在，文字只能间接地表现世界。构成图像的线条、色彩、光电、固体材料或人体是物质存在的、形象的，文字的物质存在形式是符号，不经过思维转换人们不能直接在符号中看到形象。因此，图像具有易接受性、拟真性，文字具有难接受性、间离性，图像传达的信息和思想的丰富要多于文字，图像传达信息与思想的清晰与条理性不如文字；语言的核心是概念，概念是思想最重要的组成部分，图像与思想的关系是间接的、分离的，文字与思想的关系是直接的、同一的。图像由于其形象、具体的品质，思想只能含蕴在图像之中，两者之间没有直接、固定的联系，更不是同一的关系。人们在观看图像时更多的不是感受其中的形象，而是领会其中的意义，图像中并非没有思想或不能保存、表达、交流思想，而是我们要将思想抽象出来，当思想被保存、表达

---

① 赵炎秋：《异质与互渗：艺术视野下的文字与图像关系研究》，《文艺研究》，2012（1）：40.

和交流的时候，只能运用语言。

另一方面，赵炎秋教授也指出了文字与图像的互渗性，即二者之间的相互联系与相互渗透。文字与图像在表现、交流以及效果上相互支撑，互相依赖。作为人类交流与表达的两种主要手段或媒介，人类不能单独依靠文字或图像认识与表达世界，文字需要图像，在一段文字材料中穿插几幅图片，使文字的表现更加直观、具体、形象，更有吸引力，图像也需要文字，使图像蕴含的思想清晰、明了；文字与图像各自包含一些对方的因素并且有赖于对方的参与，包括形成的过程二者互相暗含，具有相互渗透性；由于文字的图像表述能力和图像的文字内蕴以及二者的同构性，文字与图像可以相互转化。

赵炎秋教授较为客观地看待图像与文字的关系，他认为异质性决定了文字与图像的竞争与对抗，互渗性又决定了它们相辅相成、无法离开对方而独立存在。它们各自满足了人类艺术欣赏的特定要求，二者各有存在的理由，因而也无法互相取代。

南京大学的赵宪章教授在《语图符号的实指和虚指——文字与图像关系新论》中指出："语言作为声音符号具有实指性，图像则是虚指性符号：'实指'和'虚指'的不同，决定当它们共享同一个文本时，语言符号具有主导性质，图像符号只是它的'辅号'。"[①] 他认为语言和图像的不同意指功能取决于它们不同的生成机制，二者作为意指符号的结构是不同的。语言的能指和所指之间的联系是"任意的"、约定俗成的，使语言精准的意指成为可能，语言从能指到所指是"同构的"、直线的，二者是"不可分离的""胶合在一起的"；图像的能指和所指之间的联系是"相似性"，图像不但以原型为参照还被严格

---

① 赵宪章：《语图符号的实指和虚指——文字与图像关系新论》，《文学评论》，2012（2）：88.

限定在视觉的维度，这决定了图像的隐喻本质，符号的虚指性由此产生。图像从能指到所指是"非同构的"、迂回的共时呈现，故而意指效果必然是浑整的……赵宪章教授在《传媒时代的语－图互文研究》中认为，传媒时代的到来使得图像强势排挤原本属于语言的场域，文学语言面临着由"文字阅读"转变为"文字观看"的危机……虽然他在《文学和图像关系研究中的若干问题》中也提出过"语言和图像是人类符号的两翼，同源共存，对立统一，缺一不可。从历史上看，文字出现之后，二者关系表现为越来越紧密的趋向"，① 并且认为"语图高低"论是一个伪命题，是一个不可能讨论清楚的问题，但整体而言，他的观点立场是比较鲜明的：强调图像与文字的差异性，文字的重要性高于图像。

赵宪章教授在《传媒时代的语－图互文研究》中还提出，探究语言与图像的互文关系及其转换规律，以找到缓解语言与图像矛盾对立的节点。那么，究竟何谓互文？"互文性"（Intertextuality）又称为"文本间性"或"互文本性"，这一概念首先由法国符号学家、女权主义批评家茱莉亚·克里斯蒂娃在《词、对话、小说》（1966）一文中提出，随后，她在《封闭的文本》（1967）与《文学创作的革命》（1974）中对"互文性"的语义做了更明确的探讨。她认为，在文学文本的内部，互文性是指词与词、文本与文本之间可以互相吸收与转换，任何一个完整的文本都是由其他语录拼凑而成。其基本内涵是，每一个文本都是其他文本的镜子，每一个文本都是对其他文本的吸收与转化，它们相互参照，彼此牵连，形成一个潜力无限的开放网络，以此构成文本过去、现在、将来的巨大开放体系和文学符号学的演变

---

① 赵宪章：《文学和图像关系研究中的若干问题》，《江海学刊》，2010（1）：187.

过程。"互文性"的概念一直处于发展变化中，后经众多西方学者多年不断地研究，"互文性"的定义涵盖范围越来越广，在我国学界也得到广泛重视和延展。我国知名文学理论研究学者程锡麟在《互文性理论概述》中提到，可以从广义与狭义的概念来界定"互文性"，广义的互文性是指文本与赋予该文本意义的知识、代码和表意实践形成了一个潜力无限的网络，狭义的互文性是指一个文本与可以论证存在于此文本中的其他文本之间的关系。

正是由于"读图时代"的来临，尤其是文学领域的部分学者、作家对图像强势排挤文字的危机和恐惧，我国越来越多的从事文学理论研究的专家，对这一来自西方的理论——图像与文字的互文理论给予了高度关注，并希望借此找到解决之道。所以，近年来国内学者们从多个视角对图像与文字的互文关系展开的研究如火如荼。如王泽庆的《传媒时代的"语－图"关系研究》以"传媒时代"为背景，探讨了文学与图像的媒介差异，对"语－图"互文进行了"语－图"文本转换、文本融合、审美效果的串场这三个类型的划分；李烨鑫的《图像化时代的图文关系研究》认为"读图时代"过于强调图像接受，以"图像化时代"为背景，在图文的差异、图文的互补、图文的互换研究基础上，推论出当代图文关系以互文、互补为主导趋势，图文的互文与互补不是图像和文字的简单叠加，而是关系到超符号的新美学境界；李佩颖的《数字媒介时代的"图－文"互文关系研究》通过对数字媒介时代的文化背景分析，辩证地审视图像艺术与文学艺术的关系，文学文本的影像化表达、文学语言的图像化追求与文学活动中图像思维的介入，是当代文学图像化倾向的表现，这种倾向也表现为图像艺术叙事主体的"人文审美"转变、图像表意的文学性渗透与数字媒介时代文学性的普及。这些都是新时代背景下具有代表性的图文互文关系研究。另外还有如王洪岳与杨春蕾的《论插图本〈丰乳肥臀〉"语－图"互文及审美特征》、张玉勤的《明刊戏曲插图本"语－图"互文研究》、胡小梅的《明刊〈三国志演义〉图文关系研究》、章燕的《论布莱克〈天堂与地狱的婚姻〉合体艺术中图文之间的多元隐喻关系》、马君毅的《〈金瓶梅〉"语－图"互文研究》、王岩的《论明清刊本〈水浒传〉中的"语－图"互文现象》等针对一段时期整体或某部作品，归纳其呈现形态，辨析和归纳不同的互文效果，点面结合，纵横有序地深究文学作品中语言与图像的各种互文关系。

龙其林的《中国现当代文学与文化研究中插图与配文之关系与类型探究》《从"插图"到"图志"——中国现当代史著中的图文互文类型、时空建构及问题》等系列论文，指向的是中国现当代文学与文化著作中的图文互文关系研究，阐述了"插图本"与"图志本"文学史著的差异，指出部分插图本的文学研究著作中存在图像与文字缺乏关联、随意搭配的问题，并划分出图文趋同型、互文互补型、互文映衬型、图文隐喻型和图文互生型等五种图像与文字关系类型。钟丽美的《图文互文法在中国文学研究著作编纂中的误区探究》以龙其林指出的图文互文实践缺陷为基础，通过对图像史料问题、图像情景性问题与图像史料主体性问题的反思，从整体上剖析了图文研究著作领域图像与文字的互文关系症候。而以吴胜男的《新文学作品封面的"语－图"互文研究》为代表的文学作品封面的图文互文关系研究认为，作为图像的文本文学作品封面与语言文本内容关系紧密，二者构成互相阐释和互相渗透的互文关系。作者特别指出，在图像文本对语言文本的仿作过程中，所存在图文的对立不但不会抵消图文之间的互文效果，反而会使文学作品更具有艺术魅力。此外，学界对图文互文的研究还具象到传统媒体与新媒体等应用领域，如段婷婷针对电视的

《"语-图"互文与文化类综艺节目的问题探究——以〈朗读者〉节目为例》、赵敬鹏与孙艳针对电影的《电影中"语-图"互文的叙事学和符号学探讨》、熊嘉颖以广告为研究对象的《当代中国平面广告中的图文关系研究》、马章喆研究新媒体的《新浪微博的"语-图"互文分析——以人民日报微博为例》等等。随着图文互文研究的逐渐深入，一些学者还从图文互文的叙述主体、审美范式、诗学因素、修辞策略等理论范畴进行了深入的探究。除上所述，目前国内学者在图文实践者的图文互文思想研究方面……

二、诗画两极之合与分

欧洲早期如苏格拉底、柏拉图都拒绝视觉艺术，亚里士多德认为图像与文字同等重要，莱辛和同时期的康德、黑格尔（略晚）也都认为诗歌高于绘画，但除莱辛以外的其他人都并没有就图像与文字的关系提出系统的专门学说。而莱辛是欧洲近现代最早系统地提出诗画差异论并产生了重大影响的研究者，他的《拉奥孔》是欧洲美学史上的重要著作之一，至今仍然是诗画理论中最伟大的贡献之一，他的诗画差异论成为欧洲美学领域图像和文字关系的主流观点，至今仍主导着批评界的主流看法，也深刻影响着文字和图像关系的研究。虽然莱辛坚守的根本观点仍是诗歌高于绘画，但他并不否认绘画的成就，他说："绘画在它的同时并列的构图里，只能运用动作中的某一顷刻，所以就要选择最富于孕育性的那一顷刻，使得前前后后都可以从这一顷刻中得到最清楚的理解。"特别是莱辛指出绘画与诗的最根本的差别还在于二者所借助的媒介是根本不同的，一个是语言，一个是图像，虽然艺术家常常认为有些诗歌很具有逼真的绘画效果，语言所描绘的图像并不能产生如绘画一样的视觉效果。20世纪中叶之前，西方关于文字与图像的讨论更主要是着重于语言和绘画的差异和分化，从 20 世纪下半叶开始，西方社会将文字融入视觉形象之中是一个大的趋势，有越来越多的例子表明在西方的绘画和其他形象艺术中，文字与图像实际上已经以多重方式融会到一处，不仅诗人在学习和实践中将图像融入文字，视觉艺术家也在他们的影像作品中大量引入文字。

威廉·布莱克（William Blake，1757—1827）是英国浪漫主义早期的重要诗人兼画家，一生创作了大量诗歌和绘画合为一体的艺术作品，在诗歌和绘画界均产生了重要影响。在他的作品中，诗与画之间形成了互动的时空关系，画并非是对诗文的简单说明，它可能是诗文本的延展，也可能与诗文不直接相关，还可能与诗文形成对峙，甚至同一幅作品的不同副本之间会有诸多不同，使画与画之间形成对话和互动。因此，人们对他的作品不会简单地从单一的图主文辅或文主图辅的角度观赏和理解，而是要从相互铺垫、相互辅助或者构建联系，甚至从对峙和矛盾中去理解，诗与画的互动和交往对话成为理解绘画或诗文，或许生成意义必不可少的重要因素。布莱克使用的英语是拼音字母而非汉字一般的象形表意文字，英语文字与它所表达的对象之间无法产生直接的关联，不能引起读者对事物本身的联想。拼音文字的意义是沿时间线流动而依次展开的，而图像在一瞬间定格于一定的空间之中，对图像的阅读不似文字的线性阅读而呈现为向空间的非线性扩散。线性呈现的文字在布莱克诗与绘画的合体艺术中经常受到非线性的空间图像的干扰，诗行中时常会有绘画的介入，连续的阅读被干扰，文字周围的图画使阅读的注意力游离于文字之外，使文字的意义在线性时间中的呈现变得困难起来，"叙述的基本特征即时间的线性的、持续性的发展，在布莱克的作品中被打破了，被颠覆了，被消解了。"① 发散性的图像也经常被时间性的文字渗入，使图像的构图和意义被解构和转向，再加上布莱克诗画合体艺术中的文字符号本身带有极为鲜明的图像化色彩，呈空间形式展开的视觉图像也会受到转化为绘画图形的文字的影响，这种图像化的文字符号需要更多的想象力去激发更加多元的阐释，原本直观的画面意义变得费解起来。

在布莱克的诗画合体作品中，诗歌文本的意义往往不能连贯地按时间顺序呈现出来。首先，文字文本自身具有图像性，分辨这些图像一般的文字符号需要阅读的暂时停顿。其次，诗行之间常常会有装饰性的图像，一般来说，这些图像多为伸展的树枝、藤蔓、漂浮的树叶、草丛，有时候还会有花朵、小虫、蛇，甚至人形等等。这些图像出现在诗行之间，连续性的阅读常被迫打断，意义的呈现受到干扰，线性的时间连贯性不得不向着空间展开，连贯的意义暂停，阅读呈反复回绕的一个过程。再次，当一首诗歌的文本阅读完成之后，文本的意义会受到图像的牵扯，与之相配的绘画或与之在一定程度上相符，或与之不相干，或对文本意义有所扩展，还或与文本意义形成对峙。有时文字文本本身用不同的色彩绘制成，一首诗中会呈现多种色泽。图像和色彩作为视觉意象会阻断文本符号引发的抽象概念，使之更具感性。"在时间中发出的声音"一次次向空间飘散，时间的空间化使意义总是处于一个未完成的过程中，而这个过程又时刻包孕着新的意义生成的可能。时间向空间的转化使意义呈现出多向性、跳跃性、不定性，新的意义可能反复出现，激发着新的解读和新的认知。②

---

① Cf. Saree Makdisi. "The Political Aesthetic of Blake's Images". in Morris Eaves (ed.). The Cambridge Companion to William Blake. Cambridge University Press. 2003：111.

② 章燕：《论布莱克诗画合体艺术中的多元互动关系——以〈天真与经验之歌〉为例》，《文艺研究》，2014 (9)：42.

米歇尔明确提出，"艺术家要打破时间艺术和空间艺术之间界限的倾向不是一种边缘的或例外的实践，而是艺术理论和实践中的一种根本冲动，并不局限于任何特定文类或时期的冲动"。① 这是因为与文字交融的图像的意义既可以在瞬间形成对感官的直接冲击，也可以是一个延续的、渐进的理解过程。在理解布莱克的这些画面意义时必然要考虑到文字对绘画的渗透，虽然画面的意义不一定与诗文的意义相符，但诗画之间的关系到底是相符相容还是矛盾对峙，抑或是互不干预都需要相互参照，才能理解其绘画的意义，所以，空间符号也向着线性符号转化。布莱克在创作中不主张在文字文本中描绘图像，或以文字文本来呈现图像。图像通过色彩、结构、线条在瞬间呈现意义，但如果图形中蕴含了一些叙述情节时，图形意义的解读就需要时间，于是就出现了空间艺术向时间艺术的转向。这意味着无论是以时间或空间呈现的意义都不再具有固定的属性而转为流动的形态，而且"诗歌与图像原本是同一物的不同形式而已"② 本来就是布莱克的观点。所以，布莱克诗与绘画的合体艺术实践在厚重且悠久的西方叙事传统的藩篱上打开了一个缺口，在一定层面上认同了诗文与图像在表现方式和艺术本质上同源，而且被艺术家直觉的冲动和本能的感悟所裹挟，使文字与图像共同激发出读者阅读的潜能和意义的多元化。

我们很多人都看过或者知道两个著名的魔幻系列电影：《魔戒》和《霍比特人》，但如果不是文学领域中人或英美文学爱好者，可能对其原著的作者知之甚少，他就是英国作家、诗人、古英语学家、牛

---

① ［美］W. J. T. 米歇尔著，陈永国译：《图像学：形象、文本、意识形态》，北京大学出版社，2012（6）：122.

② Geoffrey Keynes. "Introduction" to William Blake. Songs of Innocence and of Experience. Oxford University Press. 1967：10.

津大学教授约翰·罗纳德·瑞尔·托尔金（John Ronald Reuel Tolkien,
1892—1973），他的经典严肃奇幻作品《霍比特人》《魔戒》与《精灵
宝钻》比他本人为更多中国人所知晓。托尔金在他的作品中如布莱克
一样将图像应用于文字的创作，在一定程度上图像是文学作品的一部
分，图像并不是简单的插图而是与文字共同发生作用，在文字和图像
的对话之间互相启发，互相加强，文字和图像相互成为不可分割的一
部分。作为一个文学家和语言学家，托尔金却有着超凡的绘画才能，
他的画作也很少被公众接触。他最小的儿子，也是他的文学的继承人
克里斯托夫·托尔金认为，任何没有充分考虑托尔金的绘画艺术的研
究都是不充分的。

　　"托尔金的视觉形象是如何与他的语言文本联系起来的？在艺术
家已开始构思和创作这个文本时，这个关系就已经出现。从《霍比特
人》《指环王》的原稿中，我们能看到绘图和文字文本并排，或者像
绘画或者素描那样独立。图像并不必然能够揭示神话所讲述的复杂的
动作或者伦理。但是视觉形象使得叙事更为丰富，提供了基础背景，
包括地点、时间、天空、道路、溪流、山脉和洞穴。它们为幻想的园
地提供了实体的建筑，这对于神话的感觉和意义都是至关重要的。
《霍比特人》中的视觉形象扩大了托尔金的人物的描述词汇，使得读
者能够因此更易找到进入《霍比特人》《指环王》的魔幻世界的入口。
缺少这些形象，就不可能去想象那些高度、角度、山脉的深度等特定
的细微差别，以及山的圆度，或者去理解土地的广阔，以及想象中的
森林的神秘属性。"① 自幼迷恋发明语言的托尔金将研究语言作为终生
兴趣，图像作为基于语言的文字之外的、被发明出来的语言，即存在

---

　　① ［美］柯蒂斯·卡特著，刘卓译：《艺术中的文字与图像》，《文史知识》，2014
　　　（11）：15.

于他的文学创作中。身为牛津大学古文献和语言教授的托尔金或许也如哲学家一般，从符号哲学的角度来理解世界构成：语言完全是一个由头脑所发明的建构，而不是自然的存在。它或是被个人的头脑所使用，或是被一个共同体所使用。他所创造的世界的核心是基于一个假设——"语言通过描述创造一个现实"。托尔金将语言视作一个构建的象征系统，他认为艺术中所创造的符号代表了一种世界构成的重要方式。所以，在他的作品中，这些被创造出来的图像也改变着他的文字，将他的文学文本形式扩大为一系列连贯的视觉形象，以更接近视觉语言，而这些图像对于理解他以文字为基础所建构的中土世界有着重要的作用。通过阅看《霍比特人》《魔戒》和《精灵宝钻》的原著可以发现，他的作品中的图像即便不是全部，也是经常为配合语言文本一同被创造出来的。

1992 年，当代图像学、视觉文化研究、艺术史研究和文化批评等领域备受世界瞩目的美国学者托马斯·米歇尔（W. J. T. Mitchell）在《艺术论坛》中首次提出"图像转向"（pictorial turn）。"图像转向"是对"读图时代"图像成为人们关注的焦点以及理论研究的热点的描述和反思，也是米歇尔为复兴图像学迈出的重要一步。它一方面指人文科学学术视野发生了变化，图像成为人文科学的中心话题，当然，这不是说图像完全取代语言，而是强调人文科学开始重视图像表征（非语言表征）；另一方面指在文化公共领域中，新的图像生产技术制造了"图像景观"，并引发了人类对图像的恐惧与抵制。[①] 米歇尔在他形象研究"三部曲"的第三本著述《图像想要什么：形象的生命与爱欲》（2005）中写道："形象在视觉艺术中都扮演着角色，它可以作为

---

① 郑二利：《米歇尔的"图像转向"理论解析》，《文艺研究》，2012（1）：30.

图像所表现的内容的名称或它全部形式的整体，也可指语言形象，一种隐喻，一种图形，一种命名的事物或本质，甚至一个文本总体化的常规语言图示。"① 非常自信地显现出他将视觉研究的范围扩展到了人文科学、社会科学、自然科学的视觉性内容，同时也可见米歇尔想把图像从艺术研究、文化研究的控制中解放出来的雄心。他认为如果沿用语言学模式解释图像，图像就成为语言符号的一种，从而遮蔽了图像表征的特殊性；而沿用老的图像学模式则把图像看作文化的象征形式，还是落入了文化研究的范式；而形式主义趋向于一种形式风格研究，所以，他把自己的学术理论扎根于广阔的社会文化实践中探求对图像自身的理解。

　　古希腊时期的柏拉图认为表象世界、人类的视觉都是不可靠的，可靠的是先天的"理式世界"，因而拒绝视觉艺术，所以，长久以来人们在制造图像的同时也在制造恐惧。因为发现了图像独具的破坏性力量，人类的图像史中一直潜藏着惧怕图像的观念，并因此产生了抵制图像的话语。米歇尔在他的第二本著述《图像理论：视觉再现与语言再现文集》（1994）中指出："如果我们自问为何图像转向刚好出现在当下，即 20 世纪后半叶，这个常被称作后现代的时代，我们会面临一个悖论。显然，一方面，视频、赛博技术、电子复制时代以不可预期的能力发展了视觉模拟和幻觉的种种新形式。另一方面，形象恐惧、担心'形象的力量'最终甚至可能会摧毁它们的创造者和操纵者的焦虑，与形象制造本身一样历史悠久。"② 他认为后现代主义觉得科技发

---

① W. J. T. Mitchell. *What Do Pictures Want?*: *The Lives and Loves of Images.* The University of Chicago Press. 2005：2.

② W. J. T. Mitchell. *Picture Theory*：*Essays on Verbal and Visual Representation.* The University of Chicago Press. 1994：15. 注：第一部为《图像学：形象、文本、意识形态》（1986）.

展催生了新的图像崇拜，导致人类沉浸在图像景观中丧失理性，甚至"娱乐至死"，故而对图像更为惧怕。他同时指出，既然图像景观、图像恐惧部分参与创造了后现代性，那么在后现代文化语境中，人文科学、文化公共领域必须面对图像。借用语言哲学的观点把图像理解为一种语言符号，按照文本模式对图像进行分析，又会出现忽略图像与语言的差异性、遮蔽视觉表征的独特性、把图像都当作语言事实的弊端。他主张，以潘诺夫斯基的图像学为基础，发展出新的图像学以应对人文科学与文化公共领域的新局面。他在肯定潘诺夫斯基对图像学奠基和开创性地位的前提下，考虑到"读图时代"传媒形势的变革，提出了复兴图像学的基本主张：把人类主体理解为由语言和图像共同建构的存在者；让图像学与意识形态话语进行对话。复兴图像学应当关注由语言和图像共同建构的存在者，即那个既说又看的主体。米歇尔认为文本模式或理论话语禁锢了人们对图像的理解，复兴图像学就应该改弦更张，他提出探索图像自我呈现的新概念"元图像"。

元图像即关于图像的图像，是一种能自我指涉的图像。米歇尔认为人类不仅是语言的生物，还是形象的生物。即人类呈现世界的方式是由语言和图像共同承担的。以往图像总是附属于语言，图像的意义按照语言模式呈现，图像总是被呈现为语言性的事实，而元图像就是要把图像还原为一种图像事实。米歇尔说："本文的目的不是从艺术或语言派生一个图像自我指涉的模式，而是看图像是否提供了自己的元语言。我想要验证的观念是：图像也许能够反映自身，能够提供二级话语，告诉我们——至少向我们展示——有关图像的东西。"[1] 米歇

---

① W. J. T. Mitchell. *Picture Theory*: *Essays on Verbal and Visual Representation*. The University of Chicago Press. 1994: 38.

尔在书中通过一些例证，试图证明图像不仅是可见世界的视觉表征，还可以是图像自身的表征。图像呈现的意义是通过观者来实现的，观者会将其与特定的话语、学科、文化观念等相联系，使其成为不同学科知识领域中的理论性图像。结合意识形态分析，在历史的进程中人类对图像或顶礼膜拜，或心存恐惧，图像的地位与当时社会的政治、宗教或制度有关，图像与语言的关系不只是媒介、艺术的问题，还是意识形态、社会制度、文化斗争的问题。米歇尔也认为图像与语言的关系是无限发展的，要呈现这种无限关系就要突破语言长期以来对图像的掌控，讨论图像的本体性。

图像与文字的关系在欧美世界中可谓两极分明，虽然也有布莱克和托尔金融合并重的艺术实践令人侧目，但毕竟属于个例；对于有着悠久叙事传统的西方社会，莱辛以诗画差异论包装的文字高于图像观念根深蒂固；米歇尔虽然没有建构出完整的图像理论体系，但其"图像转向"和"元图像"理论却顺应了"读图时代"的当下潮流。图像多彩，文字擅辩，这正是图像与文字关系无限发展的关键，也是我们当下研究的必要所在吧。

无妄与无惧

从图文二元到诗画两极，从中国到欧美，图像与文字的关系随时空的流转变得越来越复杂。或许是时间克服了空间的隔绝，即使是空气也会因流动而交错混杂于即将过去的现在，或许是空间扭曲了时间的延线，即使是瞬间也会因穿越而重新编织正在发生的历史，但可以肯定是科学技术使东西方同时面临同一个时代——读图时代。

中国与欧美国家文字演化进程和定型的差异所造就的图文关系理念悬殊，原本因为空间距离遥远，相互影响甚微，随时间的推进，交错穿插虽然在所难免，但传统的固执确是人的本性，无论东西方。不过，这交错穿插终究会令东西各方产生碰撞、萌生反思，进而互相借鉴。还是因为科学技术的发展，将时间与空间极致拉近，时代被技术同步，交流与借鉴毫无障碍，就连问题也变得雷同。虽然，有着书画同源传承的中国学者和艺术家对西方现当代艺术中将文字融入图像，或者将图像融入文字的实践并不觉得新奇，而在西方国家的同行眼里，中国人确是前卫艺术的主导。而西学东渐的诗画差异论也令中国同行咀嚼再三，传统的坚守并不意味着思想观念的闭关锁国，开放绝不仅止于物质的流通，兼收并蓄在中国社会早已成为常态。所以，在这个共同的时代里，东西方文艺理论的研究者、艺术家们对图像与文字的关系——这个古老的问题都投注了高度的关切，因为"读图"对东西方的图文传统坚守都构成了威胁。各方都有人大惊失色，尤其有着深厚叙事传统的欧美国家，海德格尔在20世纪30年代后期就预言了"世界图像时代"的来临，并提出了"世界被把握为图像了"的论断。"读图时代"的到来，应者云集，辩者无数，议题当然就是图像与文字的关系。西方国家力推图像高于文字的，如美国的托马斯·米歇尔，意图以"元图像"复兴图像学，实现"图像转向"；力主文字高于图像的，莱辛的《拉奥孔》依然是欧洲美学领域的主流观点；我国学界也有赵宪章教授的"思想中心论"（赵炎秋教授给予的评论），赵炎秋教授的"异质互渗论"，还有……（卖个关子，后有详述）不过，我比较欣赏的是安徽工程大学艺术学院杨继勇教授的论文《论图－文关系等视域的世界图像化时代的命题之困——对当代西方哲学预言和赵宪章文学图像论的阐释》（就是前面提到的引起我发笑的"二元"的论文）中的精彩阐释。在此，我将借用杨继勇教授的观点和有关论述阐发我的浅见。

一、图文关系的对应性、依赖性、统摄性

杨继勇教授的论文题目发力于"世界图像化时代"，落点在"命题之困"。初看题目，我以为杨教授是要为"世界图像化时代"命名的正确性、合理性解惑答疑，全文看罢才知非也，我认为杨教授其实是质疑"世界图像化时代"的命题并最终予以否定。他的文章首先就提出要实现世界图像化之命题，先要分析图－文关系的对应性、依赖性。所谓图文对应性就是指"受众须以视觉感性所获的表象去唤起记忆中的信息，以便使得两者对号、付诸判断，……若此前记忆中就没有相对应的概念信息、潜存的语言，那么图像便不能对号而只能归为幻像，甚至属碎片而已。就与人类文明相伴的那些较抽象的图案、记号或符号而言，也是如此判断、往往依赖约定俗成的规定性才能形成，所谓约定、规定亦即读者内心潜存的相似之'文'（可用语言文字呈示的概念、陈述及逻辑规则，即使不写出来也可归为隐蔽的心理语言概念）"。① 他从明末胡正言辑印的多卷本《十竹斋笺谱》中一张没有人物、情节，只有田野上的一张犁和挂在犁上的草帽，名为"耕莘"的图画切入，在叙述伊尹的身世和经历事迹后说明，与图画对应的文字（含语言）并非缺席，其"在场"系于数千年时空——这些文字早就存在于其他典籍，图文二元同构着互补性的言说关系。他指出读图必然要诉求图文关系的二元对应，否则于感性化、空间性的《耕莘》之类的读图产生梦幻的可能性似将向着必然转化，即二元之一元的缺

---

① 杨继勇：《论图－文关系等视域的世界图像化时代的命题之困》，《中国海洋大学学报（社会科学版）》，2016（3）：121.

席，必隐含着因果链条被摧毁的危机。

　　他以比利时超现实主义画家马格利特著名的画作《形象的叛逆》为例说明图文统摄性：画中有一只非常直观逼真的烟斗，但画中又配以法文："这不是一支烟斗"。画中的文字否定了画面所呈现的逼真形象，一个否定的逻辑判断便使得关于认知该图像传达的惯常意义发生了颠覆，语言消解了思维之中图像和事物某种意义上的关联，结果使得观者发生了图文相配、相似、相等的习惯变异，形式相似但这确实不是一支烟斗的明示，与画面所绘之物仅是色彩所示其侧面的形象的暗示相关联，从而发生认知结果的颠覆。这说明承载概念的文字比偏重感性的图像更具知性和统摄性。

　　根据我们的审美经验，图像与文字是观看一幅画作（无论是否有说明、图文融合还是有图无文的形式），图像与文字应该是有对应关系的（无论是互补、互文，或如布莱克诗画合体艺术的背离、对峙、冲突关系），即使看似没有文字、口头之文对应图像（即杨教授所说的图文二元之"一元貌似缺席"），观者也会自觉或不自觉地在自己的心理层面和知识储备中寻找、补充对应关系（即使是接近、相似的对应）。"即使读懂抽象的符号，或需唤起赖于集体潜意识等，那么，这唤起也似于阅读语言文字概念之后思想中的记忆、认识，只不过是没有说出来、写出来而已。"① 没有任何指向和意义的图画都会被认为是信手的涂鸦，或无聊的乱涂乱画，没有与文字或概念、存在于大脑中的心理语言建立对应关系的图画；而面对如同画作《耕莘》一样的图画，如果不了解伊尹的身世，也没有看过《诗经》《史记》中关于伊尹的事迹，或如《形象的叛逆》中没有那一行字句，观者对图画的想

_____

① 杨继勇：《论图－文关系等视域的世界图像化时代的命题之困》，《中国海洋大学学报（社会科学版）》，2016（3）：121.

象或者千奇百怪，或者就认定那是一支烟斗。这些图像无论审美还是认知，都只会在观者的脑海中飘荡游离，或成为"梦幻或飘浮的碎片"。

关于图文关系的统摄性问题，我在《从"曲水流觞"到"拉奥孔和他的儿子们"》一节中已经提到。相同和几乎相似的图像，或是对同一人物、场景不同角度、方式的呈现，以往的经验也告诉我们确实可以生发出不同的观感或认知，如果作者确有所指并期望得到观者的认同或共鸣，他只能以文字提示帮助观者思想定位，或者这已经是一个得到广泛认知的主题用两种方式表达作品诉求。如果作者无意或刻意要跟观者玩"捉迷藏"的游戏，那就神秘到底，由你去猜，达·芬奇的《蒙娜丽莎》不就如此?!

从形式上看，具体的图像对于所处空间面积而言是完全覆盖的，即使框架之中某处的纯粹空白显然也不再是空白，如中国画中的"留白"，也被赋予决定性的表达功能；任何一种文字的笔画都疏密有致，间架结构、字里行间的空间显而易见，但却给观者嵌入、渗入、潜入联想和想象赋予了无限自由之可能性，故此，不同读者对同一文本必定产生多义性、自由性、深刻性。图像因为轮廓、线条、色彩而具强烈的直观性，但同时具有物理空间的游离性、飘浮性，所以图像必然要在现实空间中与对应的事物产生相似性的关联，创作者的创作动机也需要语言文字实现其概念内涵上的定位，达·芬奇也不例外，只是解读《蒙娜丽莎》的"密码"我们还没有找到，或是已经湮灭于岁月的长河中。图文二元的表达功能具有差异性已是定论，图文关系的统摄性，无论是说明、生发还是阻断，只是进一步证明图文二元各自指向现实世界的功能之差异是巨大且天然的。

"图像审美应面向天空、大地、原野及人的历史活动以思考关于图像艺术的本源，心理层面叩问、思考、感悟等所获审美信息的表达与呈示可以是图像也可以是文字或二者兼之，但必不可少的是如何获取文字（含可以写出来的心理层面的语言概念）所示及其如何纳入意象呈示的诉求；亦即激发唤起读图心理层面广泛思维以补缺席之文、二元同构、达到平衡"。① 当今人类每天都面临无穷无尽的图像冲击，很多图像无法对应或来不及对应于文字概念思维，浮躁地否定或忽视文字概念的"命题"，不但容易导致精神意念上陷入梦幻、游离及飘浮之境，"问题还在于传媒时代的时间也被挤占……空间发生的事件演变入时间，就可能有着本质的逆转。"② 图像与文字的关系应该以和谐为美，偏离两类表达方式，倾斜而偏于其一则是对审美和认知的扭曲或毁伤。如果不能清醒地认识图文二元的符号特性、潜含的实质，如果"读图时代"必然要伴随审美疲劳和"娱乐至死"的逆转与毁伤，那么我们是否该反问自己，"读图"是科技之祸还是"时代"之灾了?!

二、你看到的图像真实吗?

你看到的图像真实吗？其中包含有两层含义：图像是否是真实的世界？图像所反映的是否与世界真实一致？图像的功能只是作为人类感知、认识和描述世界的一种符号和记录形式，所以图像尽管直观但并不等同于事物自身，这个疑问的第一层含义并不成立。但有此一问主要是突出说明图像与所反映的世界并非一体，无论其形式与表象如

① 杨继勇：《论图－文关系等视域的世界图像化时代的命题之困》，《中国海洋大学学报（社会科学版）》，2016（3）：121.

② 杨继勇：《论图－文关系等视域的世界图像化时代的命题之困》，《中国海洋大学学报（社会科学版）》，2016（3）：123.

何，尤其是正在快速推进的 AI、VR 所呈现的图像。你可能看到过一些摄影、摄像的专业人士在开始拍摄之前，经常用两只手的大拇指和食指搭成一个矩形的框架，眼睛透过这个框架对着景物不停地移动，你知道这是干什么吗？取景！因为相机和摄像机的镜头拍摄的画面不同于你看到的所有景物，机器只会攫取你所看到的景物中的一片区域，双手搭的框架就是在模拟镜头拍摄景物的范围，以便确定镜头的位置和移动的路线。早期的人类所契刻下来的图像，不就是从大自然里攫取一块他感兴趣、他不理解、他想向同伴传递的信息吗？这些图像就是他们"取景"后的作品。而现在我们绘制、拍摄、制作的图像与先人的目的也大体一致，只是主观性可能会更加强劲而已。所以，我们才会质疑图像的真实性。

从主观而言，因为"取景"，图像的作者（包括画作的绘制者，照片、视频的拍摄、编辑、特效制作者，其他图像作品如图片、景观、雕塑等视觉呈现品的作者。下面所指除特别说明均相同）所处特定的视点、视角和时间、空间等元素，都已被作者主动设定，或在无法选择的无奈中设定。有过绘画经验或知晓摄影/摄像原理的人都知道，作者的所有设定，肯定只会是无数种布局、构架、景别、对比、光圈与快门、音量中的一种选择或搭配，其他可能均被排除在外，而这种选择和搭配对受众而言就是所见图像明暗、色彩、线条、大小、态势、音响……基本要素的决定因素。无论是作者的主观还是制约因素之下的选择，现实世界中诸多的信息元素也随着被排除在外的其他可能，一齐被遮蔽、过滤在受众接触到的图像之外。所以，绘制、搭建、制作完成，快门的按下和摄制的完成，实际上就意味着舍弃成功，图像的框架已经阻断了图像和事物周边的关联，转换为观众视域的所见图像早已被作者"改造"。这种被作者"改造"成的图像，随之必将造成文字阅读范围和内容的圈定与局限，与现实世界相伴的文字阅读的其他疏离性、空间性的被排挤，而遗留于框架之内的文本时代诗性经典的凝练魅力、哲学逻辑之精深及其艺术光晕，也随之成为视频化、大众化的图说，图像框架之内任一点空白都已不再是空白，连同高雅、光晕被事前帮助定型、定位的所有元素，服从于作者的表达。再则，时空——这一种先天直观形式，也被媒体时代借助科技将其悄然改造为客体，图像传播既改造了空间的本然性实质，也凭空间优势导致了阅读相应文本的时间一维性的变异，遮蔽、褫夺了思考机会，迎合了快感所需的高节奏，也覆盖了商业、意识形态等软性霸权。①

　　从客观而言，人类对世界的感知、认识取决于背景的干扰（信息噪音）和观察者注意的焦点，人类的注意力容易忽视运动物体的变化，这些特点通过众多错觉图、背景幻觉图实验和心理学研究已经得到证实。现实中我们常被自己的视觉所欺骗但难以自我发现，而图像化进一步掩藏、加剧了这种种错觉的发生。其次，现实世界中的事物是立体多维的，除实体景观和雕塑之类以外的图像，呈现在观者面前大多是平面的，也和媒介载体的物理厚度关系不大，即使如3D、球幕之类的立体电影、视频，也是投射到平面的，其实质还是视角被设定、立体被压扁的，其空间感无论多逼真也是含欺骗性的、非空间的平面图像。观者面对一幅画、一尊雕塑、一部影视作品，看似是自由的，可以站在任何高度上，或躺或坐随意选择某个视角而审视鉴赏，总认为自己可随意选择亮度、频道和任由己便的时空，但这种观看其实质是不自由的、第二次的、平面的、有限的甚至是虚假的，因为在他们鉴赏图像时，作者"取景"所设定的种种制约因素已经存在。

---

① 杨继勇：《论图－文关系等视域的世界图像化时代的命题之困》，《中国海洋大学学报（社会科学版）》，2016（3）：124.

因为作者的"取景"，外在世界的真实其实已经被单一设置遮蔽、阻断、改造，由于人类自身感知和认识能力的不足与缺陷，再加上科技所制造的视觉诱惑进一步遮蔽了图像之外、包含图像本身的世界整体的理念和意象的潜在性、运动性，图像所反映的真实性难道不值得质疑吗？更重要的是图像于观众的所谓"感性"，直接存在着的人的感觉，忽视了人的能动性的实践，必然导致读图时代人类感性、知性、判断的质变。更需警觉的是，既然谓之时代，就是在警示人们，这种质变并非发生在个体而是人类普遍陷入的"集体性误会"，这种质变消解着人与世界的本真关系。

三、落幅于生活世界逻辑本真性

人类用于反映世界的两大方式——图文，图像比语言文字更具直观感性，语言文字比图像更趋近知性和理性。"无感性则不会有对象给予我们，无知性则没有对象被思维。思维无内容是空的，直观无概念是盲的。……知性不能直观，感性不能思维。"[1] 图像与文字的功能不能互相替代，只有由二者联合才能得到知识。康德在《纯粹理性批判》中指出："人类的一切知识都是从直观开始，从那里进到概念，而以理念结束。"[2] 图像与文字除这是反映世界之外，还应遵循两个纵深层次逻辑的同构：第一层次是要用语言文字概念、语法、逻辑推理予以判断。第二层次的同构，是要用现实世界的真实事态、生活本真逻辑加以认证判断。因"要提供命题的本质，意思就是提供一切描述的本质，从而也就是提供世界的本质"，[3] 杨教授用维特斯根坦《逻辑

---

① ［德］康德著，邓晓芒译：《纯粹理性批判》，人民出版社，2004：52.
② ［德］康德著，邓晓芒译：《纯粹理性批判》，人民出版社，2004：545.
③ ［英］维特斯根坦著，郭英译：《逻辑哲学论》，商务印书馆，1985：68.

哲学论》的这句话提示我们，坚持这一点方能包容、解释图文所体现的那些与现实事物不相等的艺术之真和审美理想的合法性。图像与文字包含四个等级各异的逻辑层次：图像－文字（语言）－逻辑推理－生活世界逻辑本真性，后者潜含的逻辑性依次对于图－文及其所指实践均有宰制性。前者显现着文字叙事统摄图像叙事，对文字叙事而言还有更深的一层，即图像逻辑—语言文字逻辑—世界生活场景本真性逻辑可能性。后者统摄了诸多的文化表达方式、检验实践乃至真理的发生方式，而"图像化"仅是其中之一。① 以我们每天都能通过媒体看到或听到的新闻节目为例，"用事实说话"，这是新闻报道中所必须坚持和恪守的新闻"真实性"原则的要求之一。它要求新闻工作者选用鲜活的、未知的、重要的、具体而典型的事实体现新闻事件，要用再现场景、直接引用等"实录"来注解事实，要善于运用背景，用事实本身来"说话"。但了解，尤其是从事过新闻工作的人都应该知道，都是事实材料，我先用哪一个再用哪一个；都是现实场景和人物的语言，我认为这个场景可用，另一个没必要用，这个人的讲话我完全用，那个人的讲话我掐头去尾或只用几句话；背景材料众多，限于篇幅我只选 A、C、F；为了更有视觉冲击性或故事性，时间顺序我也颠倒或者重新编排一下……，你能说我不是"用事实说话"吗？每天我们看到或听到的新闻里如此被作者"取景"设置、加工过的新闻不在少数，但这样的新闻真实吗？还真不能一概否定！但是，虚假新闻也就是采取上述的方式出台的……连美国和英国攻打伊拉克的借口也是如此炮制出来的哦，现在美国政府宣称的利比亚政府军使用"化学武器"的说法和媒体报道又可信吗？

---

① 杨继勇：《论图－文关系等视域的世界图像化时代的命题之困》，《中国海洋大学学报（社会科学版）》，2016（3）：127.

　　由上述可见，我们所能看见的图像所反映的世界，已是经过了作者的"取景"设定，那么所对应的文字的逻辑关系是否也是经过了作者设定的逻辑引导，还是有着我们自己的知识、常识储备的逻辑印证、推演和甄别？图像与文字的反映与我们生活世界的本真是否是一致的、符合逻辑的呢？回归到人类感知和认识世界的本质问题上，图像与文字关系的四个逻辑层次梳理，尤其是逐层解析直至最后的落幅——生活世界逻辑本真性，才是人类社会所赖以生存的这个世界的本真。当然，从世界发展变化的进程来看，这也只是现阶段的人类社会所赖以生存的这个世界的本真，而随着人类社会的继续发展，这种本真性——人类所能认识的世界的深度和广度还将更进一步推进。

　　《易经》是我国古代哲学、自然科学与社会科学相结合的一部巨著，历来被尊称为中国文化的百科全书，千百年来《易经》对我国的自然科学及社会科学都有着巨大的影响。《易经》六十四卦的每一个卦象可以有多方面的解说，起卦需要客观地、全面地、准确地分析主方和客方情况，但其核心还是具有一定程度的普遍意义。我在写作本段文字的时候，脑海中总是闪现出"无妄"的字眼，由此不禁联想到《易经》第二十五卦：无妄卦，天雷无妄，乾上震下。卦辞有云："无妄，元亨利贞。其匪（同'非'）正有眚（音同省会的'省'音，意为眼睛长白翳；卦辞中指灾祸），不利有攸往……"无妄，传统解释为不虚妄、不乱来。无妄卦的普遍意义就是不妄自非为，要分清主、客观条件作为度越事理的准则，实事求是，脚踏实地，不断地归正行为上的过错才能达到至中至正全面的发展。

　　"读图时代"来临之际，语言文字暂时遭遇图像化的传媒危机，于是有人惊呼"文学的黄昏已经来临"，文学载体的转型、未定性也引起了许多焦虑，甚至恐惧，"由于这种不确定性，人类心灵就相信它所不认识的东西比实际远较伟大"。① 我认为这种恐惧大为不必，世间万物总是不断变化，发展向前的，图像与文字的关系也是如此。《易经》的核心"三易说"（简易、变易、不易）说的就是这个道理；马克思认为"人只有凭借现实的、感性的对象才能表现自己的生命"；② 就连推崇诗在艺术领域的领导地位，认为"诗比任何其他艺术的创作方式都要更涉及艺术的普遍原则"的黑格尔都曾断言，随着人类的演进将会呈现包容一切的整体性艺术，即不分个别体裁而图 - 文等各门艺术达到自然共处，"广大的艺术之宫作为这种美的理念外在实现而建立起来的。它的建筑师和匠人就是日渐自觉的美的心灵"。③"读图时代"的所谓图文之争、传媒危机或许只是当代文明所必须经历的一个盘整时期，或许如同 19 世纪的照相术、广播等媒介形式出现时的画家们和报纸一般，颠覆、偏离、恐惧也只成为历史回眸时的淡然印迹。现代科技和网络带给这个时代的绝不仅止于"读图"，更重要的仍然是人与世界、生产关系的大变革，进而使人类文化和价值观与时俱进。图像与文字的关系在这个时代我们应该关注的绝对不应只囿于异质和互渗，也不应沉沦于同一和高低之论，更别惊惧于图像对文字的取代和湮灭。虽然还不能奢望海纳一切艺术表现的"艺术之宫"的一夜建成，但应该从网络和现代技术施加于媒介格局与运作方式的根本性影响中寻觅突破之路径，如媒体形态暴增、传统媒体改造与转型、媒介传播路径双向互通、信息传者与受者的身份重叠、对信息需求的个性化趋势、信息与受众关系的迭代升级……其中最具共性

① ［意］维科著，朱光潜译：《新科学》，商务印书馆，1989：41.

② ［德］马克思：《1844 年经济学哲学手稿》，人民出版社，1995：124.

③ ［德］黑格尔著，朱光潜译：《美学》，商务印书馆，1996：114.

的特点——互动，将是图像与文字关系的研究重点，甚至将成为下一代互联网技术的重要特性——让一切链接！换句话说，就是让一切互动！

无妄则无惧！"读图时代"亦是如此，我如是认为。

湖光秋月两相和

望洞庭

（唐）刘禹锡

湖光秋月两相和，潭面无风镜未磨。

遥望洞庭山水翠，白银盘里一青螺。

高卓清奇的格调，气度不凡的《望洞庭》，是唐代文学家刘禹锡赞颂秋色月影之下的洞庭美景所作的诗篇。这首仅有 28 个字的诗，恍若一笺《洞庭秋夜图》在我们面前闲逸地铺展开来。全诗选择了月夜遥望的角度，把千里洞庭尽收眼底，抓住最有代表性的湖光山色，通过丰富的想象、巧妙的比喻，轻轻着笔，亦书亦画，独出心裁地把洞庭美景再现于纸上。这首流传了近 1200 年（作于唐穆宗长庆四年，即 824 年）的绝美唐诗，我认为有三个特点不得不提：

一是吟诗如瞻画。这首诗每吟诵一句就如画卷展开一尺。"湖光秋月两相和"，一涟清波在风清气朗的秋月之下微漪不兴，一个"和"字将水天一色、玉宇无尘的融合画境铺排得入纸三分；"潭面无风镜未磨"，画卷再展一尺，清波变渊潭，波澜不惊，迷蒙的湖面宛如未经磨拭的铜镜，千里洞庭风平浪静，温柔无边，月光下的朦胧美感又正应和了上句湖光秋月的"和"字意韵；"遥望洞庭山水翠"，画卷再展令观者也不得不起身抬眼，正好与诗者的眼界一同升高，皓月银辉下的洞庭山水青翠碧透，气象高远；"白银盘里一青螺"，点睛一笔，惊奇一笔，神来一笔！千里洞庭在诗人眼中不过就是一只雕镂剔透的银盘，君山一岛不过就是置于其中的一颗玲珑青螺。这哪里是一首诗？分明是一幅画卷，画幅中的格调、布局、疏密、线条、色彩、对比，扑面而来。

二是诗画两相倚。整首诗着笔轻轻，没有一个字艰涩生僻但却色如珠玑，意象贴切，形境勾连，如彩如墨。一个"和"字使原本平常的湖光、秋月立现祥和；"镜未磨"分明勾勒的是涟漪清漾的洞庭秋水；"遥望"之境不是全景又何来气势，既将诗意引向高潮，又使画意漫溢出画幅，诗画意趣再得益彰；最后一句每一个字无法分解，无从替代，如一只巧手将观者的视线直接牵到画面中的一点，让人惊奇却不生硬，令人惊叹却韵味再三，令人赞服诗人对诗书之道御驰精到，收放自如。

三是诗画人互动。这是我最激赏之处，在吟诵和品味诗句的过程中，整个人的情绪和思维不但被诗句和不断浮现于脑海的画面牵引，由于全诗由缓渐速，由松入境，高境不紧，收思精巧，节奏张弛容得下你每句都有发散自己思维的空间，任你联想，容得下你与诗句和画面的思维互动——第一句引得你如浴秋色月华，和风拂畅，第二句令你如临铜镜古色古香，第三句让你也有如诗人的境界和描绘的景色，胸襟也开阔高远起来，而第四句在强烈的对比之下不单使人对爱情岛（君山的别称，因"柳毅传书"的故事而得名）爱恋不已，更对诗人举重若轻的气度略升妒忌但却不得不服。

归根结底，从《望洞庭》之中，我看到了图像与文字的互动。

一、互动，因"读图"而来

对于在书画同源的传统中成长起来的中国艺术家来说，西方现当代艺术中将文字融入图像，或者与之相反，将图像融入文字的实践，并不是一个特别大的变动。我们发现中国当代艺术中水墨画复兴，并在前卫艺术中扮演了主导角色。中国当代艺术也在继续探索文字与图像之间的互动。[①] 美国著名美学学者柯蒂斯·卡特在《艺术中的文字与图像》中如是说，这表明了汉语图文关系在国外学者眼中的构架，也察觉到、肯定了图像与文字的互动已经被我国学者所关注。不知您是否还记得，我在论述《"二元"与"两极"》的第一节"图文二元之同与异"结尾处曾提到。"除上所述，目前国内学者在图文实践者的图文互文思想研究方面……"其实我是有所指，那就是曾任北京大学中文系主任的陈平原教授和他关于图文互文研究的思想，他在2004 年撰写的《从左图右史到图文互动》中就提出了"图文必须互动"的观点。

曾经有人专门研究过陈先生的图文互文思想，但我认为，研究者或许还是囿于其本身是中文研究领域中人，所研究的对象——陈平原先生也是深耕于该领域，所以对"互文理论"本着"圈内"的执着。殊不知，陈先生的研究视野早已不囿于文字文本的范畴，他自己也说过他也做图像。其实，陈先生的研究早已延伸到了"互文理论"的更深处——互动。

互文，我在本书的前面已经提到过由法国符号学家、女权主义批

---

① ［美］柯蒂斯·卡特著，刘卓译：《艺术中的文字与图像》，《文史知识》，2014
　　（11）：14.

评家茱莉亚·克里斯蒂娃最先提出，以及我国文学理论研究学者程锡麟对其所做的广义性、狭义性界定。其实，我国古代诗文中早就有互文手法的运用。互文，也叫互辞，是古诗文中常采用的一种修辞方法。古人解释为"参互成文，含而见文"。具体说，就是上下两句或一句话中的两个部分，看似各说两件事，实则是互相呼应，互相阐发，互相补充，说的是一件事的一种修辞形式。由上下文意互相交错，互相渗透，互相补充来表达一个完整句子意思的修辞方法，有单句、对句、隔句、排句等多种用法。将互文理论引申到图文关系中也不是现代的事。

互动，是一个适用领域非常宽泛的概念，是指彼此联系，相互作用的过程。互动在如心理学、物理学、社会学等不同学科中都有基于普遍意义的、附加上各学科特点的深化阐释，而日常生活中的互动是指社会上个人与个人之间、群体与群体之间，通过语言或其他手段传播信息而发生的相互依赖性行为的过程。

在图像与文字关系的研究中，我认为，互动是互文理论衍生的分支，也是图文互相呼应，互相阐发，互相补充拟人化的深化。所以，我们研究图像与文字的互动不能脱离开互文理论的相关介入。陈平原先生的《从左图右史到图文互动》帮我们溯源了我国图文阅读的早期状态，"古代中国人'图书'并称，有书必有图。只不过在漫长的历史岁月中，大部分图像资料没能像其阐释的经典那样留存下来。大家都记得陶渊明的诗句：'泛览周王传，流观山海图'（《读山海经十三首》）；还有鲁迅的名文《阿长与〈山海经〉》，同是读有图的《山海经》，此图非彼图。陶令所流观的'山海图'，早就湮没在历史深处；鲁迅和我们所见到的，大都是清人的作品"。古人读书，"置图于左，置书于右；索像于图，索理于书"，这样容易体会深刻。陈先生以宋代史学家郑樵感叹图谱的失落以及国人读图能力的退化为例，郑樵在

《通志略·图谱略》中专门讨论了"图""书"携手的重要性，批评时人之"见书不见图"。由于技术上的缘故，图谱传世的可能性，本就不及文字书籍；再加上后世的文人学士，或重辞章，或重义理，二者殊途同归，都是关注语言而排斥图像，进而特别强调图谱对于经世致用的意义。①

陈先生不但是教书育人的名师，学科研究的学者，还是笔耕不辍，研用互证，善思精进的作家和思想者。他不但将图像成功引入自己的写作中，而且善于在书、画中思考得与失，并在下一次、下一部的制作和作品里进行再实践，善于在不同类别、不同阶段反思和提升自己的指导思想与学术见解。他认为左图右史的写作和阅读其实是国人早有的传统，图文结合是作为思想和信息的承载物之完美形式，为书籍配上图像资料，让图文之间自由链接，互相对话，实现超文本的阅读，这样的出版策略及阅读趣味，既古老，又新奇。艺术史家关注书籍插图的构图、线条及色彩，出版家考虑的是图像资料是否丰富，而他更关心图像与文字之间如何形成对话。"过去常说'图文并茂'，看重的是图文书的外在形式；其实，更重要的是图像与文字之间，是否能够形成'互动'关系。"② 读什么图？怎么读？有无恰到好处的论述——文字是否同样扮演重要的角色？他格外关心图文之间能否达成良性的互动，而不是互相拆台。

在学术类专著的探索中，陈先生1998年3月推出第一本含有图像资料的著作——《老北大的故事》，这是他第一次在学术书籍中大量

---

① 陈平原：《从左图右史到图文互动——图文书的崛起及其前景》，《学术界》（双月刊），总第106期，2004（3）：259.

② 陈平原：《从左图右史到图文互动——图文书的崛起及其前景》，《学术界》（双月刊），总第106期，2004（3）：262.

使用图像资料。他选取的用于表现动荡不安的五四运动现场的图像资料珍贵且难得，用于展示相关人物的图像贴切且传神，图像与文字穿插混排，相辅相成，互补互证，共同交汇出五四运动风云激荡的历史画卷；他在 2002 年 9 月出版的《千古文人侠客梦（插图珍藏版）》一书中，对于图像资料的使用心思独到。书中每一章的开头选用任熊为《剑侠传》创作的画像作为插图，而文中每一节则采用陈洪绶的画作《水浒叶子》作为插图，这种对图像的选择与编排方式简单利落，书中的图像与文字互动的同时又保持了原画的个性和特色；出版于 2002 年 10 月的《中国大学十讲》所采用的各所大学的照片、大学教授与学生的照片紧跟文字论述，图文互动，适时呼应，流畅而自然；出版于 2004 年 5 月的《文学的周边》是由陈先生在不同场合的专题演讲的整理稿集结而成，所以书中的图像与文字互动不够紧密，图像在文中主要起点缀的作用；同年 6 月出版的《从文人之文到学者之文》，每一讲的标题下方都配以相关人物的图像，初看印象好似与正文未达成积极的沟通与互动，读入文中才发现陈先生慧眼独具，他选取的每一幅图像所展现出来的人物着装、相貌、神态，与正文内容遥相呼应，貌合神聚；2008 年 10 月出版的《左图右史与西学东渐——晚清画报研究》是他的大"画"之作，全书按不同主题选取了两百多幅晚清画报图像，边"画"边论，夹述夹"画"，气势宏大，视野开阔，是当代人深入了解晚清社会的文化、生活不可错过的重要专著；2015 年 4 月出版的《"新文化"的崛起与流播》使用的图像数量不多，以书影、画报为主，但依然保持着与文呼应，图文互动的风格；同年 7 月出版的《抗战烽火中的中国大学》选用了许多珍贵的历史老照片，从这些老照片中我们能获取丰富且真实的历史信息，陈先生把它们独立于文字安排在每一章节的后面，他的意图是让读者一口气读完文字论述，又突显出老照片本身的独立价值，让读者在反复翻阅中反复品味，让读者在前后翻阅中自觉互动，体现出他对读者阅读习惯和互动自由的尊重，更彰显他对文字和图像本体的尊重。

陈平原先生在面向普通读者的普及类读物写作中，也有图文互动的多向尝试。如2001年出版的《掏水集》的图像资料绝大部分为书影，删去这些书影亦不影响文字论述，文字虽精彩，图像似可有可无，图像与文字互动关系不紧密，图像在其中主要起陪衬的作用。而2003年出版了三部图文互文书籍景象就大为改观。《陈平原序跋》收录了陈先生从1983年以来的各本书籍的序跋，书中配有三十幅他的生活照，生动贴切之余让我们看见了现实生活中的"真人"，使我们真正体会了一把文如其人，图如其人的心理互动。陈先生在《大英博物馆日记》一书中回避了所谓构图精美、色彩还原、用光讲究且满世界都能看到的佳作，而坚持使用了不少自己游览大英博物馆时拍摄的照片。他谦虚地认为，也许自家拍摄的照片在构图与审美上无法与常见的宣传图片相媲美，但是却能更符合文字叙述，且让人倍感新鲜。自己的文，自己的图，图文并置，使读者产生出不同于以往的互动新感觉。《看图说书：小说绣像阅读札记》里，陈先生边"看图"边"说书"，经由一个个小故事，评述已经成书的小说，让读者理解文学生产的途径以及图文配合的方式，他通过对一些明清小说的插图"略加解题"，或引申发挥，或补充说明。"与小说文本同行的绣像，其功能并非只是便于民众接受，选取什么场面，突出哪些重点，怎样构图，如何刻画等，其实隐含着制作者的道德及审美判断。把这些东西考虑进来，很可能会改变已有的小说史论述。"① 2008年7月出版的《北

① 陈平原：《看图说书：小说绣像阅读札记》，三联书店，2004：135–136.

京记忆与记忆北京》，图像下方配上图像的题诗，既生动地展现了北京人的吃喝玩乐与地方风俗，又使人萌生按图索骥，身体力行一番的冲动。2010 年 6 月出版的《筒子楼的故事》再现了往昔北大学者们在筒子楼里的生活照片，照片与文字相互参阅，形象生动之间，也让读者对褪去光环的学者名家们求学治学、师友交往和生活上的苦中作乐略有体悟，对名望背后的现实再做思考。2012 年 4 月出版的《鲤鱼洲纪事》，四十余幅图像或穿插于文字间，或独占书籍一页，真实而直接地呈现了干农活、固堤坝、开批判会等场景，结合着陈先生的散文随笔，轻抚曾经的鲤鱼洲，神回并不遥远的往事，情已不堪"往昔峥嵘岁月稠"。

纵览陈平原先生的图文作品，可以发现无论学术专著还是普及型读本，他的尝试一直伴随思考。按时间线索梳理，他的图文互文思想经过了最初的"看重图像的配合作用"——"探索图文的互动方式"尝试——"突出图像的独立价值"三个发展阶段。如他回顾第一本图文著作《老北大的故事》的创作时就表达过使用图像资料的目的，不是为了书籍排版上的好看，而是为了让图像与文字一起"复原"历史场景。因为历史是由时间与空间共同构成，文字拙于表现空间的具体形态，也难免疏漏某些空间的细节，而照片是表现空间形态的理想介质，二者结合可以帮助读者更好地理解五四这段历史。他在《大英博物馆日记》后记里写道："在一个陌生的文化环境里，图像所传达的信息，远比文字清晰，且更容易被接受。不仅仅是因为读者的语言能力，更包括图像所特有的直观性与丰富性，容易激起主动介入与重新阐释的欲望。"[1]

---

[1] 陈平原：《大英博物馆日记》，山东画报出版社，2003：154.

　　通过一段时间的实践和反思，他开始进入到新的研究实践层次，即图文互动。"以史证图"与"读图出史"是他尝试图文互动的主要方式。"以史证图"是指运用史料文字来印证或反证图像。陈平原先生与妻子夏晓虹女士共同编著的《图像晚清：〈点石斋画报〉》，大量采用诗文、笔记、报道、日记、档案、上谕等体现时人见解的"史料"文字，作为右侧对应图像的佐证、旁证或反证。《点石斋画报》的图像与文字，本就构成一种对话关系，这两者间的缝隙，既是制作者视角及立场的差异造成，也是使用媒介的不同造成。而作者在画报左边放置由他们挑选的各种相关史料，构成了对同一事件的不同描述，使读者既能直接体会、领悟晚清社会的融合性与多元化，又可引申发挥，还可另辟蹊径，读者对图像的解读的多元性由此产生。《图像晚清：〈点石斋画报〉》仅向读者提供史料文字与画报图像，作者退居幕后而不作多余的文字阐释——"以史证图"，最大限度地调动了读者的主观能动性去解读其中图文互文带来的增殖信息，完全由读者自由表达、诠释作品的内容与意义，作者之文与原图文、读者对文本整体的解读——双重互动由此产生。

　　"读图出史"是指通过解读图像资料获得相关历史信息。即对比同一主题的图像资料之间的异同与转变，考察图像资料的细节，由此让隐藏在图像背后的文化史、绘画史或新闻史的某些细节逐渐浮出水面。图文互文，图像与文字之间除了有互补关系，也存在对立关系，这层见解，在前面介绍的赵炎秋教授的《异质与互渗：艺术视野下的文字与图像关系研究》也有共识。陈平原先生在《看图说书：小说绣像阅读札记》等多部著述中，从"以图配文"的状态切换到了"以文配图"的状态，提升了图像资料的重要性，且图文联系紧密，融为一体，不可分离。

　　"突出图像的独立价值"是指在图文著作的创作过程中，把图像看作与文字具有同等地位的主体，尊重图像的主体性，选择最贴切最富于意义的图像，不滥用图像资料。陈先生意识到之前人们文主图副的观念持久，图像的主体性认识不够，图像作为直观的物质性的呈现，相比于文字叙述能更好地保存事件发生时刻的真理的事实必须承认。所以，在他研究与实践的这一阶段提高图像资料的地位，突出其独立价值，书籍的排版给图像以单独的页面空间或固定的编排位置，以保持图像的独立性。图像与文字的互动方式既体现在版面状态，也体现在写作时图像资料早已介入文字论述，在作者的脑海里进行了图文互动。

　　"读图"是新生事物吗？如陈平原先生所言："我所说的'渊源'，指的是古已有之的书籍插图——包括中外。当然，电子媒体的刺激，也是一个重要因素。不说读者的期待视野，单就技术手段而言，古老的书籍插图与时尚的跨文本链接，二者互相激荡，促成了今日图文书的繁荣。"① "读图"也是新的，但我国著名哲学家贺麟先生在《文化与人生》中指出："必定要旧中之新，有历史有渊源的新，才是真正的新。"（《五伦观念的新检讨》）"新"就有新的思想，就有新的行动。通过对陈先生图文作品的浅薄解读，以及对他图文互文思想向互动层面的深化转移的解读，我们不难看出，图像与文字的互动实际上是有备而来。根据他的学研，"过去我们读书，今天我们读图——所读之图，有静止的，也有活动的，甚至还配有声音，比如影视、广告、MTV、动漫等。这些或静止、或活动、或孤立、或连续的图像，铺天

---

① 陈平原：《从左图右史到图文互动——图文书的崛起及其前景》，《学术界》（双月刊）总第 106 期，2004（3）：260.

盖地，无时无刻不冲击着现代人的眼球"。① 互动，不但是他进行图文著述的方法和研究对象，也是他对"读图时代"的深刻洞见。互动，不但在中国文化中早有渊源，互动，就是为"读图"而来。

二、互动，到底是谁在动？

发现了吗？就在前文的叙述中我又提出了一个说法：双重互动。啥意思？没搞错吧?! 互动，到底是谁在动？

我在开始这次研究之前，对"互动"的理解仍然非常感性，仅仅狭隘地沉浸在美术设计、图文关系、视觉传达界域里的思考之中。随着向各有关领域的探寻深入，向各位大家名师的专著论述取经求证弥广，这个疑问慢慢在我脑海中凝结、盘旋。我到底研究的是什么？是图像与文字之间的互动，还是受众与媒介信息的互动？……终究还是在学习和思考中，特别是通过对陈平原先生图文互动著作的拜读，我的疑问迎刃而解，思路豁然清晰，于是我才写下了"……作者之文与原图文、读者对文本整体的解读——双重互动由此产生"这样的文字。我所指的双重互动包括受众与图文结合体（包括所有的文本形式、视频形式和其他可充当媒介的全部形式）的互动。我所研究的互动是从图像与文字的互动关系入手，最终实现对受众与图文结合体的互动研究。换句话说，就是如何使受众与互动的图像与文字之间产生互动。我们应该认识到，无论图像与文字各自已经发展得何其成熟和完备，它们终究是人创造的两类符号系统，它们的音、形、意是由人赋予并规范约定的；图像与文字之间的关系经历了若干历史阶段的演变，其中的你高我低、起伏跌宕、此消彼长是由人主导的；从最初的

---

① 陈平原：《从左图右史到图文互动——图文书的崛起及其前景》，《学术界》（双月刊）总第 106 期，2004（3）：256.

结绳、契刻、兽骨、竹简、莎草纸到纸张、雕版、泥活字，从工业社会的造纸、印刷再到现代的电子计算机、互联网、新媒体，所有的技术和载体都是由人创造的。

上述各项事物，或详细、或浅显、或深入、或广泛，在前面的研究与论述中都已涉及，因为与图像和文字关系紧密相连，这些事物与图像和文字的互动关系密切相关。但是，上述所有事物都没有、也不可能离开人。图像与文字，如果没有人，何来诞生、发展和成型？图像与文字的关系，如果没有人，何以构成关系？图像与文字的互动，如果没有人，又何来互动？研究图像与文字的关系，终究是靠人的认识和理解去研究；形成图像与文字的关系，靠人的抽象时空和逻辑推论去形成；设计图像与文字的互动，靠人的搭建和创意去设计。最终，所呈现的、经过人设计的互动的图像与文字还是要靠人的感知、接触、思考、反馈、参与，以完成最终的互动。所以，研究互动当然是从图像与文字的关系入手，当然是以触动人与图像和文字的结合体产生互动为目的，而最终落实到图像与文字关系的再研究，加入至关重要的关键因素——人的再研究。互动，到底是谁在动？——当然是人！

（一）人与现代图文

当人的视线投向图文共处的同一承载介质时，人的注意力首先投向到图像，而且这种投向的几率和图像占其页面的比例有关。对于受众而言，现代的图像是由现代的艺术家们根据人们审美的共同认识创作出来，并能为广大受众理解和解读认可的有效符号，受众在接受中应该是处于分享的状态而非看不懂或完全不理解的状态。每当一个新的时代来临便会出现新的视觉符号，这是个通识，文字也不例外。

就以我们的母语文字汉字为例，现代汉字作为一种语言媒介符号，经历着平行运行的宋体字（仅做代表，并非否定其他字体的存在和使用）、美术字、铅字、电脑字库、汉字图像，汉字由静态随技术的发展走向了动态化。从视觉传播演进的角度来看，汉字由静到动，由写到做，经历了美术字阶段、字体设计阶段、汉字图像化等三个阶段。

一、美术字阶段。针对汉字印刷字体笔画进行的意象扩展，使汉字印刷字体走向了图形的轨迹，甚至延伸到系统化的、适用于机器大规模印制的成套性字体。

二、字体设计阶段。20 世纪 80 年代末，随着电子计算机的逐步普及，借助计算机的绘图功能，设计人员结合设计理念，使字体设计出现了矢量图和位图两种图像储存模式，字体形态由二维进入三维立体效果，也使字体设计中的比例、大小、弯曲等形式走向精确规范化。设计字体生存速度快，作品制作方便快速，可以无限复制，成为计算机字库字体和较为常见的传播形态，传播形式转换为视屏模式。

三、汉字图像化阶段。汉字图像化就是针对现代电视、电脑、手机及各种显示屏幕，为适合于现代人接收特点，设计人员运用美术理论和计算机特效技术，将汉字打散、增减、变维、重构，以形成具有多维空间假象的图像，或使汉字笔画与虚拟的想象画面结合起来，产生更复杂的视觉呈现的媒体符号设计。汉字图像化是人脑创作和电脑技术相结合的产物，汉字图像化将文字的含义具体化和直观化，字体生存方式转换成了图像模式，特别适合屏幕呈现的片头广告或者以虚拟图像为主的表现方式，尤其光效、声效与动感并举，感染力极强。汉字图像化对推动"读图时代"图像与文字的互文性向互动深化起到了极大作用，为受众提供了更多、更新的解读线索和发散空间。

视觉图像在社会的各个进程中也有着不同的生存方式和状态，表现出各异的视觉文化气质：首先是"刻板逻辑"时期。图像的生存方式是依赖于西方早期绘画所倚靠的透视法、线条、色彩等，通过这些规则形象地再现现实世界。其次是现代时期。图像生存状态表现为一种辩证逻辑，其代表方式仍然是摄影。最后是后现代时期。由于计算机的图像处理技术、互联网的无限扩展等原因，图像的虚拟性在不断掩盖其真实性，不断膨胀的虚拟形象通过互联网高速传播，图像表现为悖谬的或虚拟的逻辑状态。这说明后现代时期图像的呈现方式和机器之间的关系更加紧密，图像的制作手段和表现形式越发活跃。这是美国学者米尔佐夫对视觉文化发展的观察和划分。

"可读性文本"和"可写性文本"是法国文学评论家罗兰·巴特在以《S/Z》为中心的论述中提出的，应该说是我所看到过的所有论著中对文本写作手法和传播效果关联最到位、最精练的划分和描述。"文本的意义是可以解读和把握的，读者不是意义的生产者，而是消费者。对可读性文本提供的有限解释则由某种意识形态的代言人——作者或批评家提供。"① "可读性文本"是一种写作者态度强势、理据自足，为受众营造的接受、理解氛围较为闭环的现实文本。"消解了各种明确的规则和模式，允许以无限多的方式表达和诠释作品的意义，是一种可供读者参与重新书写的文本。"② "可写性文本"能够让读者参与到文学本身的"活动"和"生产"中，通过发现文本意义的新的组合方式重写、再生产、再创造文本，使其意义和内容可以在无限的差异中被扩散。这种方式并非写作者的不自信，相反，恰好寓含着他开放的心态，或是松弛的情趣，抑或是最期盼的互动之动机。

上面的引述都极具西方悠久的叙述传统特色，相较中国文人的感性，我总觉得西方把"人"摆在了他者的位置上，或者说缺少些温

---

① 王瑾：《互文性》，广西师范大学出版社，2005：59.
② 王瑾：《互文性》，广西师范大学出版社，2005：59.

度。"在日常经验里，视觉、听觉、触觉、味觉往往可以彼此打通或交通，眼、耳、舌、鼻、身体各官能的领域可以不分界限。颜色似乎会有温度，声音似乎会有形象，冷暖似乎会有重量，气味似乎会有质量。"① 钱锺书先生的这段文字就是用我们自己的五官和五官的感觉，轻易地就把人与"读图时代"的图文的关系说了个通透——当图像信息与文字信息并列或混合地呈现在受众面前时，能起到相互提示的作用，如果能激活受众的知识储备，引起回忆和联想，增进理解，这就是最好的关系状态。

（二）人与现代媒介

麦克卢汉在《媒介通论：人的延伸》一书中指出：媒介具有机体的性质，因此媒介是人体的延伸。他认为"一切技术都是肉体和神经系统增加力量和速度的延伸"，因此，"一切媒介都是人的肢体部分向公共领域的延伸"。② 更重要的是，"人体任何一部分的延伸，不论是手、脚或皮肤的延伸都会影响整个心灵与社会"。③ 他认为，传统上人们将媒介与讯息分开是勉强之为，传播媒介真正传递的是媒介的特性，传播媒介本身就是传播内容，内容也是一种媒介，他原创性地提出了"媒介即讯息"。按照他的理论，任何媒介（人的任何延伸）对个人和社会的影响都是由新尺度引起的，人的任何延伸都将在人们的事务中引起一种新的尺度。他所说的"人的延伸"实际上就是指技术，映射到传播领域就是指传播媒介。所以，"媒介即讯息"的内涵主要是指，一种新的媒介一经出现，这种媒介本身（而不是它所传递

---

① 钱锺书：《钱锺书作品集》，敦煌文艺出版社，1997：534.
② ［加］马歇尔·麦克卢汉著，何道宽译：《媒介通论：人的延伸》，四川人民出版社，1992：12.
③ ［加］马歇尔·麦克卢汉著，叶明德译：《传播工具新论》，台湾图书公司，1981：9.

的具体内容）就会给人类社会带来某种信息，引起社会的某种变革。互联网络和计算机技术所造就的数字新媒体不就带来了"世界被把握为图像了"的信息吗？"读图时代"不是到来了吗？"媒介即讯息"的惊世论断，将人与现代媒介的关系推演到了极致。

美国传播学家 A. 哈特把传播媒介分为：示现的媒介系统、再现的媒介系统以及机器的媒介系统。示现的媒介系统是面对面地传递信息，眼睛是一个重要的信息接收器官，眼神就成为一种非语言的传递信息的符号。再现的媒介系统中，视觉信息主要以静态的图像信息为主，其制作是机器采集影像，然后通过人进行加工，利用照片、绘画、印刷品方式进行传播。机器的媒介系统的视觉信息则完全通过机器采集，然后再通过机器发布，以动态为主，比如电影、电视、网页。这三类媒介的传播方式是随着社会发展以不同的样式存在。[①] 他的划分与麦克卢汉"媒介是人体的延伸"可谓神来的契合，他所划分的三个媒介系统在"读图时代"同时并存，尤其在机器媒介系统中，人通过各种媒介呈现的图文传播可以产生互动，可以主动地选择或编辑信息，可以接受或发布信息，可以采用文字或文字图像进行交流，这种新的信息交流方式对文字的影响巨大。虽然直到现在，人们还是信赖文字的情感表达和记言记事，但"思维需要形状，而形状又必须从某种媒介中获取"，[②] 作为思维工具的文字，就是为思维唤取形象，提供意象，文字从一定程度上讲就是为思维稳定和保持这些意象。文字以及其承载的概念是人们认识世界的重要工具，但并非唯一，应该承认，我们所获取的外界信息绝大部分是从视觉上获得，网络时代的图像已

---

① 柳林、林亮亮：《视媒体中汉字图像的传播方式研究》，《中国集体经济》，2016.06（2月）：105.

② ［美］鲁道夫·阿恩海姆著，腾守尧译：《视觉思维》，光明日报出版社.1986：43.

经成为传递信息的主要载体，而图像本身也具有一定的思维功能，只是稳定性、概念性不如文字——这是人们依然重视文字的关键而非文字本身。如果不能利用这一点，尤其是积极地使文字与图像之间利用媒介特性产生互动，加剧文字与图像的不可分离，"读图"的后果也难预料。

我们还可以看到，现代图像与以往图像最大的区别在于对于技术的过度依赖——完全可以置换成对媒介的过度依赖。没有媒介就没有现代图像，媒介是图像的第一生产力。现代图像技术首先是工具的属性，离开现代图像制作技术就无法制作出"吸睛"的图像；其次，现代图像技术是媒介的实体，离开现代媒介，再夺人眼球的图像也无法实现让受众"信以为真"的呈现。"世界被把握为图像了"，图像在把握我们的世界，就是因为技术有能力重新"摆布"世界，而我们在喧嚣中也在渐渐失去对真实世界的探寻。

由于从教之前一直在广告行业，身处互联网"山雨欲来风满楼"之际，身处媒体的我自然对媒体的趋势和动态特别敏感。2004 年，已经转行教职并涉足科研领域，我就关注到一个延伸概念：媒介消费，并对这个概念和现实表现进行过研究与观察，并在我发表过的论文中也有所陈述。在诸多的定义之中，我特别认同"媒介消费，本质上是一种精神活动，是人类感官对借助不同载体（物理或其他）传递的媒介信息进行消费的精神活动，是对媒介构建的虚拟现实的消费、再生产、再消费过程"① 的表述。在"读图时代"早期，媒介产品的生产还是由专业媒介机构（报刊社、广播电视台等）承担，现在非专业机构、非专业人士每天生产的媒介产品数量足以湮灭专业机构的产量，

---

① 文长辉：《媒介消费学》，中国传媒大学出版社，2007：23.

但媒介消费者对媒介消费的热情只增未减，在新媒体技术的支持下，消费者和生产者的身份在时刻互换，媒介的控制权已经不似早年完全由行政和专业机构掌握，高度互动已成为媒体消费的显著特征。媒介消费涵盖了消费者接触、选择、使用和评价媒介的全过程，媒介消费行为的主动权掌握在媒介消费者手中。"受众"概念是行政和专业媒介机构掌控传播权，对信息接收人群的身份设定，包括读者、观众、听众，受众处于被动地位。在大众传播时代，受众的需求、体验和感受虽然被专业媒介机构重视，地位也在不断提高，但其根本还是"订阅量""收视率"背后公信力、影响力，尤其是经济效益最大化的驱动。"读图时代"的"受众"已经不会是单纯的信息接收者，"使用媒体"成为他们的生活必需，他们更在乎消费媒体时的体验，他们甚至可以实现"所有人对所有人的传播"。相对于"受众"概念的背景，"媒介消费者"的提法颠覆了传统的媒介和受众关系，体现了消费决定生产的现代媒介市场特征，强调消费者的能动性、主动权和多样化，构建出"读图时代"的新型信息传播架构。

"媒介即讯息"，精辟且准确的论断在提醒我们——人，不论是被称呼为"受众"还是"媒介消费者"，我们都应该看到"读图时代"的媒介正在发生巨变，印刷传播时代中以文字为主要信息传播的方式，正在转变为网络传媒时代中"图文互动"的传播形态。媒介承载了人们的认知、价值、情感和记忆，现代媒介对面的人应该直面生动、直观、鲜活、感性，"娱乐"却未"至死"；善用现代媒介，以理性的追问互动世界真相。

三、"读图时代"的媒介现状

作为一个现代人，尤其是工作和生活在大都市里的成年人，每天都有两个动作几乎惊人地雷同：早晨在床上睁眼后的第一个动作——点开手机，晚上关灯掩被前的最后一个动作——关闭屏幕（谁知道是手机还是平板）。这两个动作所代表的就是现代人生存立世的必需条件之一：资讯流通。大凡接受过系统性正规知识教育的人都知道，社会人要了解身外的世界，表达自己的诉求都要通过媒介，但坦率地讲，什么是媒介？什么是讯息（与信息有何区别）？什么是沟通？恐怕能说清楚的人真不多。但就"媒体"的分类和具体界定，作为一个曾经在传媒领域拥有最炫目光环的学府里闭门研修过传播学、现在执教于以"视觉传达"为定位的高校院系讲堂的学人，我都觉得十分为难。学生时代被老师们梳理得一清二楚的报纸、广播、电视，或者纸质媒体、电波媒体、户外媒体……现在都变得云山雾罩。相反，一种近乎号叫的声音在向所有人灌输一种媒体分类：传统媒体与新媒体。而这种声音的背后涌动的还有一种思潮，新媒体将颠覆并葬送所有传统媒体！提出和推动这种观点的人意志坚定，没有理论，因为理论在他们的眼里正在瓦解；拥护这种观点的人越来越多，没有论据，因为论据在他们的手里就是刷屏；新和旧的相对论，在他们的世界里就是否定。

　　而更让人难以忍受（也有人更喜欢）的是，我们的每一天都被无法计数的讯息遮天掩地，被无心弄清名目的信息载体（姑且全部称呼为"媒体"吧）充斥视听，我认为，一个热词可以精辟地概括：信息雾霾！

　　一觉醒来，一个网红，红得让你莫名其妙；

　　一个跟帖，让你不得不转一个，否则就……；

　　一个大Ｖ，语重心长得让你觉得耶稣就站在身后；

　　朋友圈让你感动得大呼：从小缺钙，长大缺爱；

　　一声"站住"令你泪流满面，爱心无限，之后的逆转让你抢天呼地恨人心不古；

标题一党或是一段掐头去尾的语音（或文字），让你汗毛倒立；

一段堪比特效的视频让你倒毁三观，管他前因后果还是 PS 水平高超；

一场直播耗去你生命一截，弄不好一冲动既是点赞又是打赏。

知识碎片、心灵鸡汤、养生秘笈……悦目也好无聊也罢，总还是一片"春风吹得游人醉"的安泰景致。但如果你认为令人心悸的欧洲"颜色革命"、满目疮痍的"阿拉伯之春"离我们遥不可及，那对 2011 年 7 月 23 日温州动车事故的报道你可曾有过诘问?! 从国字号的主流媒体到不名一文的 App 都发出了一系列清一色的怒骂、追责和督促严办的呼声，历时 12 天风向不改！直到 8 月 6 日，《环球时报》发表的"美媒：外国人眼中的温州动车事故"一文转述："中国政府花费 4000 亿美金建设超过 1.6 万公里的高铁轨道。这是一项举世无双的建设项目。中国政府修建高铁主观上当然不是为了坑害老百姓，而是要改善中国的交通运输，促进国民经济的持续发展。"这样一段文字，从大洋对岸一个叫埃里克·杰克森的美国人的笔下流出，而且这篇文章是 8 月 3 日在《华尔街日报》网站发表，之后举国上下的媒体（无论传统媒体还是新媒体）顿时噤声！这就是我们向往的资讯生活吗？这就是当代中国需要的媒体吗？新媒体时代的媒介生态就该如此吗？

在现代的技术和文化背景下，图像与文字的互动已经成为媒介生存的必需和现代人信息生活的习惯。虽然现代科技已经将媒介的生存状态暂时带入一种混沌状态，但那种"颠覆"和传统媒体消亡的狂妄论调，必将被时间证明其狭隘和浅薄。不过，人们的信息生活也注定不可能回到以前那种几个"最好看"的电视频道，几张"最有价值"的报纸，几家"最好听"的电台，就可以让人知晓天下事的单向传播模式。以往一家人看的都是相同的影视剧，同事间议论的都是相同的新闻，听的也都是相同的流行音乐……资讯生活中的"大众"也绝非今天的大众。先进的科学技术和丰富且优质的物质生活，必定造就多样的精神需求和个性化消费模式，"读图时代"的媒介消费样式就是这种规律的表现，这就对人文科学领域提出了应对的理论研究需要和实践尝试的与时俱进。

图像与文字作为承载人类文明的主要载体和工具，既有其客观存在的物质属性，也有因时而变、从心出发的主观精神属性。从物质层面而言，互联网、计算机硬件、软件、通信等技术的发展速度与进度，已经快到人们无法想象、无法预料的境地，这就造成以这些技术为基础的新媒介形式的发明和更新迭代令人始料不及，对它们的研究涉及面实在太广，无人敢说对所有的新媒体技术全知全会。所以，从媒介技术入手研究图像与文字的互动不尽现实，也将被动，还是应该紧扣其主观精神属性，从人类在不同文化和经济社会背景下，对图像与文字的认识与应用的研究入手，探寻"读图时代"图像与文字关系的发展与变化。

动态阅读，是"读图时代"的阅读常态。也许有人会对我的这个认知表示疑问和不以为然——阅读，本来就是人的行为和动作啊！但我所说的动态是一种状态，而非一个动作、一种行为。

首先，现代人的阅读"静"界难求。从早晨在床上醒来的那一刻起，人们就是在匆忙中点开手机，一边洗漱、吃早餐，一边翻看"朋友圈"和"热心人"上传的短视频；上班路上的地铁、公交车、出租车上低头刷屏、追剧的人比比皆是；到了办公室或工作场所，忙里偷闲也要上上网、看看网红直播、转发几个短视频和头条，好像生怕被人遗忘——刷存在感；晚上到家仍然是在 App、两微一圈（微信、微博、朋友圈）、网游、影视剧之间不停切换，直到上床还意犹未尽，恋恋不舍平板和手机。整个一天就是忙碌地"奔波"于各种电子媒介和碎片化的信息中，浮躁和喧嚣已成为习惯，安静且持续地看一本书，研究一个问题除非是迫不得已，"太累了"永远是张嘴就来的，边说又边点开了下一个短视频。这就是现代人的阅读状态，时刻在动态中进行，时刻在切换、链接，时刻在开始，时刻在结束。

其次，现代人的阅读求异求"红"。无论是小说、影视剧、短视频和爆款网文，点赞、吐槽是必需的立场亮相，发散一番、转折一下、评述一通很是正常。由于静心不够，对事物的全面了解还没完成，想当然地勾画事情原委，自以为是地绑架舆论，心理阴暗却自居正义，事情反转马上反戈一击，反正躲在键盘之后何须脸红心跳！由于专心不够，对事理的学习仅凭几篇"鸡汤"，仅靠几段付费的知识拆解，就敢与人登坛论道，洋洋洒洒挥斥方遒，殊不知文不通理不顺，错别字连篇，谬误权当真理大同，不以为耻反以为荣，就算真的被人驳斥得理屈词穷，大不了直接拉黑走人！基于精心不够，浮躁有余，信息的发布讲究的是标题一党，图像只怕不够火辣，内容不怕空泛虚脱，甚至凭空捏造，求的就是一夜成名，一文一图即成"网红"，要的就是流量和"吸粉"。即使是较为理智和平静的人，罗兰·巴特的"可写性文本"也更适合现代人的个性化和多样性口味，"平凡的世界"最好也有个开放性的结局。

我比较反对以"传统媒体""新媒体"的方式，武断地划分媒体。结合现代传播技术和传播发展阶段，对媒介生态系统相关的几个概念和发展脉络，有必要进行新时代的再认识和再梳理。

信息，既不是物质，也不是能量，也不是意识，它是事物运动的存在和表达形式。①

符号，就是用来指称或代表其他事物的象征物。②

讯息，是指传达一个具体内容的一组信息符号。③

现代社会被称为信息社会，又称后工业社会，"指的是信息化社会，也就是整个社会在广阔的领域里和深入的层次上，以运用信息化的理论、方法和技术处理实践问题为主要特征的社会"。④ 在大众传播活动中，信息是指对传播内容的不确定性的减少和消除，大众传播的材料是信息，它的流通必须经过物质外壳的处理，即符号化形成讯息才能得以进行。符号在传播活动中分为语言符号和以视觉、听觉等符号为信息载体的非语言符号两大系统。计算机、通信和传感技术的突飞猛进，不但使信息获取、处理和传播手段日新月异，符号跨界成为常态，信息的内涵和外延不断扩充，讯息的组合千姿百态，更重要的是带来了社会产业结构的巨大变化，并成为包括传媒行业的诸多传统产业重获新生的重要出路。

传播活动的参与者包括传播者、受众和把关人。传播者，是传播活动的起点，也是传播活动的中心之一。在大众传播活动中传播者可以是个人，如记者、编辑、导演、制作人、主持人，也可以是媒介组织，如报社、电台、电视台、出版社、电影制作机构或电影院。受众，相对于信息传播者而言，也称受传者或阅听者，是对大众媒介信息接收者的总称。信息传播者在传播过程中负责搜集、整理、选择、处理与传播信息，他们被称为"把关人"，他们的这种行为被称为"把

---

① 胡正荣：《传播学总论》，北京广播学院出版社，1997：86.
② 胡正荣：《传播学总论》，北京广播学院出版社，1997：101.
③ 胡正荣：《传播学总论》，北京广播学院出版社，1997：119.
④ 冯国瑞：《信息科学与认识论》，北京大学出版社，1994：303.

关"。① 传播者和受众是经典传播学理论对传播过程中两个主体的称谓，前者是传播活动的起点，后者是信息流通的目的地，是大众传播活动信息流动单向性前提下的界定方式，身份非常清晰，但在"读图时代"，受众可能用"媒介消费者"称谓更加贴切。虽然传统理论中二者也有角色互换的相关论述，但前提条件非常明确且狭隘。互联网时代的最大变化就是信息流动的双向性且对等，传者和受者的身份非常模糊，角色互换已成为常态。

媒介，即中介物，传播活动中传播信息符号（讯息）的物质实体，"插入传播过程之中，用以扩大并延伸信息传送的工具"。② 媒介现实，是指媒介日益扩大而不是缩小我们的见闻，但媒介带给我们的是经过它转述的世界，而不是现实本身。媒介具有信息传递、舆论引导、大众教育、娱乐提供等功能，故媒介为社会中的成员创造了一种新的环境，即媒介环境。媒介生态，媒介作为社会的一个子系统，其构成要素之间、媒介与媒介之间、媒介与外部环境之间存在着密切的互动关系并保持着某种和谐。媒介生态系统是一种动态的、有机的、具有整体特征的运行机制，它以信息传授和媒介买卖为基点，把不同的人、媒介及其环境联结为一种网状的结构性存在。

人类传播演进史至今为止，大体可分为符号和信号时代、说话和语言时代、文字时代、印刷时代、大众传播时代和网络传播时代六个阶段。现在我们所处的网络传播时代起步于 20 世纪 50 年代，它突破大众传播时代大众化、非目标性、单向、区域传播的障碍，使传播走向个人化、目标性、双向和全球网络传播。网络传播时代使社会形态更加信息化、全球化，信息产业将成为主体，劳动市场、生活方式、

---

① 胡正荣：《传播学总论》，北京广播学院出版社，1997：205.
② ［美］威尔伯·施拉姆著，何道宽译：《传播学概论》，新华出版社，1984：144.

消费方式等社会结构性变革正在全面展开。随着网络时代的推进，无论如何类分媒体，无论信息流向是单向或双向，值得注意的是，媒体的功能虽无改变，媒介现实对人们见闻的扩大正朝着转述方式和内容巨量膨胀、角度和深度多样且无限深化的维度扩展，从而带来媒介环境的进一步复杂。由于新媒体与传统媒体的融合，信息发布、接收终端的多元化等外部条件的影响，网络语言平民化、片段化、解构化的趋势已越来越明显，一系列新的思维方式、表达方式、创作方式正不断挑战传统规则和观念，一些最基础、最本源的常识性概念正需要人们重新思考。但在互联网络和新兴媒介高歌猛进的当下，人们缺乏理性和冷静的媒介再认识，仅凭浮躁的表象就断言报纸、电视等媒介的衰落和灭亡。

例如，上个世纪末，美国未来学家迈克尔·克莱顿（Michael Crichton）就将报纸称为"媒介恐龙"；《华盛顿邮报》的媒介批评家霍华德·库兹（Howard Kurtz）则称报纸产业正弥漫着"死亡的气息"。原《底特律自由新闻报》记者、1967 年与同事分享普利策新闻奖的资深报人菲利普·迈耶，淡出新闻界之后在美国北卡大学执教，"报纸消亡论"就是由他最早提出的。2004 年，菲利普·迈耶教授在《正在消失的报纸》一书中预测：到 2043 年第一季度末，日报的读者将归于零。2008 年，他又在《美国新闻学评论》发表《未来的精英报纸》一文强调："日报报纸读者数量将更加急剧地下滑"，事实上，"最后一个每天读报的读者"的消失时间将早于 2044 年 10 月。日本《每日新闻》前总编辑歌川令三在《报纸消失的日子》一书中，明确指出报纸消失的日子是 2030 年；清华大学的刘建明教授根据报纸读者的代际老化规律，于 2005 年 11 月做出了"在 30 年后，报纸将无可救药"的预测；2006 年他再次提出："在 2030 年~2035 年之后，报纸将无可救药"。报业表现以 2005 年为节点，全球出现严重下滑，我国各级各类报纸也跌声一片：2017 年的第一天，上海早报双雄之一的《东方早报》停刊；北京《京华时报》纸质版报纸也于同一天停刊，旗下的《京华时报》新媒体业务保留，转战新媒体；国内某知名网站总编辑宣称，2018 年将有 2/3 以上的纸媒可能关停并转……不过，对这种论调的质疑和反对也从未停止过，《纽约时报》执行总编比尔·凯勒（Bill Keller）发文《在数字混乱时代，报纸还没有消亡》表示了异议；2008 年 11 月，默多克在美国广播公司（ABC）每年一度的系列广播演讲中说："太多的新闻工作者以沉思他们的悬而未决的死期为乐，这是荒谬的。"他嘲笑那些预测报纸消亡的新闻工作者过于着急地为自己写讣告，以至于没有对面临的机会感到激动。他说："与报纸末日论者和失望论者不同，我相信报纸将在 21 世纪达到一个新的高度……虽则它不再会以今天被扔到我们门前台阶上那种方式存在，但它砰然落地的一声闷响，将在我们的社会和世界各地发出长久的回声。"早在 2000 年，中国人民大学教授喻国明就提出："今天又出现了网络，这也是一种新媒体，而且是更先进的媒体。但即使再先进，也不会把报纸完全吞掉。"北京日报社长梅宁华认为："我们没有理由唱衰纸媒，相反，纸媒将会发挥自己得天独厚的优势，与新媒体共存共荣，迎来新的发展契机。"

再看看菲利普·迈耶教授在《正在消失的报纸》一书的后记中所说，该书是为了警告报纸从业者，"并使他们更有信心"。这说明，他有关"报纸消亡"的预测，不可能出于炒作的目的，而是基于对媒体未来的忧患意识。2000 年，美国公共舆论研究会因他 1973 年出版《精确新闻学》一书向他颁发了"特别杰出成就奖"，获奖评语认为："他的一个简单的前提是：如果新闻记者采用一些社会科学家的研究工具，那么他们就不会轻易犯错误。"

兴起于 20 世纪 30 年代的电视媒体是 20 世纪发展最为迅速的媒体，因其图文音像并茂，雅俗共赏，老少皆宜的特点，既承担着受众娱乐和获取信息的功用，也成为政府官宣的重要工具，因为在国家话语权上肩负起重大责任而得到政府的大力支持，与用户保持着极高的黏度，堪称"媒体之王"。但电视也因为"四级办台"的政策导向，受频道专业化思路的牵引导致媒介资源滥发，观众分流严重，很多应承担起公信力权威的省级卫视和地方主频道却严重"娱乐化"，导致权威发声的报道、评论，规律流程化的会议、文件、政绩公告，全无用事实说话的鲜活，全失新闻事件背后的生动，全抛以理服人、以情动人的深刻诚意，"新闻立台"成了一句空话，"娱乐中国""快乐中国""影视中国"成了某些省级卫视 LOGO 的标配。但在互联网的冲击下电视媒体一路败退，到 2008 年，网络媒体的市场占有率全面超越电视，成为媒体市场的主体和领导势力。

没有灵魂的报纸，没有公信力的电视频道，本质上就是盈利至上的企业工具，它的死活只与员工的利益关联，与公众毫无关系。而大众想要获取信息只要打开手机就能找到，报纸原有的携带和存储便利毫无优势；只将注意力放在娱乐上而放弃原有的喉舌与纽带功效，等于是"自废武功"，电视娱乐的功能在个性化、互动性上相比于新媒体，至少在现阶段仍是短板。时至今日，危机已然呈现且有目共睹，从政府到行业、市场、受众，真正研究并找出原因的不多，着手实施改变的更少。我认为绝大多数人都只从表面简单地比对所谓传统媒体与新媒体的优劣，而不是从内在运作规律和媒体特质上找寻共谋与共赢之道。

首先，媒体自身在互联网浪潮来临之际马上就被冲乱阵脚，最常见的就是媒体纷纷在自己的官方网站上，推出报纸内容转载和节目的网络视频。

电视台的新闻报道在其官方网络免费收看，而他们的重磅娱乐节目在网上须付费才能收看！

美国《华尔街日报》发行人莱斯利·亨顿认为，平面媒体把内容免费放到网上是个"致命的错误"，就此而言，如果纸媒走向没落，"挖坑"的人就是纸媒自己！"追寻新闻真相，守望社会良知"是报纸的立身之本，但从2014年以来，很多报媒因为营收锐减，加上管理限制，报社不愿承担较高的做调查新闻的费用和可能引起的导向敏感与报道纠纷，将标示报纸个性和吸引读者的调查报道、深度新闻和评论大幅裁撤。这些成本高昂又充满危险的内容正是报纸的灵魂，是其公共价值和良知的体现，是其存在的根本意义。

第二，目前我国乃至全球范围不仅存在诸多媒介乱象，对媒介缺乏权威的、公认的媒介划分方式。所谓名不正则言不顺，这就导致原有的媒介管理体系出现不合时宜、管理盲区或政出多门的状况，对媒介管理的办法和措施心有余而力不足。我以为，"读图时代"可以根据媒介载体特质，划分为纸质媒体（报纸、期刊、书籍、纸质印刷品等）、电子媒体（广播、电视、电影、各类电子显示屏等）、网络媒体（网站、手机、固话、QQ、微信及各类可传播资讯的App）。根据我国国情还可以对每个媒体进一步以立法形式严格确立媒体属性：主导媒体（国有）和辅助媒体（民营）。由国有资金支持和以政策倾斜主导媒体，严格划分国家重大政策、时政、经济要闻的报道权为主导媒体专有，辅助媒体只能在社会新闻、娱乐、经营等领域和时政、经济新闻的外围进行报道。通过这样的媒介划分和立法保障，不但能最大限度地确保资讯的源头清理和内容把关，有效保障和引导经济效益的合理配置，梳理并引导受众的信息接收通路，更能阻止恶意资本和技术对宣扬主流社会观念的主导（流）媒体的冲击和围剿。当然，这只是一己之见，也不是本书研究的重点所在。

第三，由于现有的媒体从业人员（包括新媒体从业者）还没有认识到"互动"之于媒介内容本身、媒介与受众关系的重要性。专业媒体现有从业人员暂且不说，就新媒体而言，互联网兴起之初，那些具有创新意识和冒险精神的传统媒体人，就加入门户创造了门户辉煌，另一些利用媒体积累了人脉和相关资源的媒体人离职下海，创办了自己的公司；尤其到了传统媒体呈现疲态、门户式微、新媒体创业兴起的背景下，一批影视界名人、各大报业集团和门户网站的主编、资深记者编辑，纷纷离职开办起顾问、投资公司，或自主创业兴办自媒体，还有一些不甘体制束缚的媒体人选择进入企业和创业公司做公关。同样，传统媒体也在进行转型尝试，如开发网站、电子版或 App、微博、微信公众号，还有一些干脆放弃原有模式，专门运营新媒体，如《京华时报》从纸质版走向数字化。无论是原来的媒体从业者转型新媒体，还是拿起手机、相机成为自由媒体人的普通人，与新媒体和跨界运作的传统媒体一样，现在的主要精力更多还是在新技术的研发、掌握和熟练阶段，对内容组织的互动性、媒介与受众互动性的深刻思考和理论升华亦无暇顾及。而传统媒体的执业者，除了要应付新媒体势力和市场的压力，还要填补人才短板、业务断层，思考新的发展路径和策略，留给内容提升的精力已经相当有限了。

> 湖光秋月两相和，潭面无风镜未磨。
> 遥望洞庭山水翠，白银盘里一青螺。

文字轻轻，音韵雅雅，粼粼波光的不疾不徐，盈盈秋月的银辉似玉，君山氤黛仿佛又浮映于眼前。在如水的夜色里，古人把酒临风，对月吟哦，这算不算那个时代的图文互动?! 我不禁在想。秋虫畅鸣，亭阁掩逸，在远离阑珊灯火的僻静学府，我已然得幸还能湖畔漫步，曲径沉思。同是一盘满月之下，现在的我们键盘嗒嗒，读图不止，图文互动已是寻常之事。抚今思昔，从纸贵的洛阳到无处不刷屏的当下，从轻舟快马的川流驿行到高铁飞机的地球成村，变化和前行天经地义；谈古论今，从天地玄黄到昼夜轮回，从大道至简到简单是美，不变和往复自然而然。动与静、变与定、融与峙、生与灭，这是个问题，很哲学! 图与文、形与意、分与合、同与异，这也是个问题，很现实!

行卷　互动图文

记得听人讲过，酿酒和制醋的方法其实差不多，醋就是酿酒的时候，一不小心被偶然制作出来的。我虽然不喝酒，但总觉得这两样口感天隔地远的液体同出一辙，不可思议，也不太相信。终有一日我难抑好奇，在网上居然搜出一堆"酿酒成醋"的传奇，大致如此：酿酒始祖——杜康有个儿子叫黑塔，从小跟着父亲学习酿酒，长大后帮着操持酒坊的劳作。一天，黑塔干完了所有活计之后，向储存酒糟的大缸内加了几桶水，然后搬起酒坛子喝了起来，以解一天的疲乏，喝着喝着他竟然睡着了。突然，黑塔被一声震雷惊醒了，他迷迷糊糊睁开眼睛，看见房内站着一位白发老翁，正笑眯眯地指着大缸对他说："黑塔，你酿的调味琼浆已经二十一天了，今日酉时就可以品尝了。"黑塔正想再问，老翁已不见踪影，惊醒之后，才知自己在做梦。回想刚才梦中的情景，他觉得十分奇怪，这大缸中装的不过是喂马用的酒糟再加了几桶水，怎么会是调味的琼浆？黑塔将信将疑地舀起一碗尝了一口，竟然口感酸滑，回味微甜悠长，而且感觉酒气消散，神清气爽。

黑塔马上将刚才的梦境和尝试的口感、身体的感受告诉了父亲，杜康听了之后便立即和儿子一起来到那口大缸旁边，只见大缸里的液体的确不像酒，黝黑明亮，酸香扑鼻，舀起一尝，果然香酸微甜。父子俩又试着在自家的菜肴中倒入一些，菜肴也变得更加鲜美。杜康父子将这种调味琼浆送给左邻右舍品尝，大家都赞不绝口，提出要买回家做菜调味。于是杜康父子按照老翁指点的方法，在缸内酒糟中加水，经过二十一天酿制，果然再次酿出这种调味琼浆来。他们家的酒坊此后不但酿酒卖酒，也同时做起了制售调味琼浆的生意，而且口耳相传，生意十分红火。当大家问起这种调味琼浆的名字时，杜康想起黑塔梦境中老翁讲的"二十一"天和"酉时"，琢磨良久并在地上不断勾画，突然他兴奋地说道："二十一日酉时，这加起来就是个'醋'字，这种调味琼浆就叫'醋'吧！"这就是醋的由来，"杜康造酒，儿造醋"的传说也随着这种调味琼浆的传承而流传下来。但这传说中讲的醋分明是酿酒后的酒糟加水再发酵二十一天而来的啊，这好像跟以前我听到的说法不一样哦。于是我继续搜索。在看了若干关于"酿酒和制醋的区别"的帖子、资料后，我的疑惑才渐渐解开。

其实，传说终究是传说，我听到的"酿酒成醋"的说法还靠谱一些。首先，酿酒和酿醋从原料、工艺上还真的较为相似，但促使发酵的"曲"不同。其次，二者制作工艺还是有一些差别，区别主要在发酵时的温度及发酵时接触空气的时间。其中二者共有的发酵工艺上，第一次发酵时，酿酒微氧发酵，酿醋密封发酵（也可微氧发酵），第二次发酵时，酿酒须密封进行无氧发酵，而酿醋无须密封，进行有氧发酵；酿酒在第一次发酵时，酒缸内的温度要控制在23℃~30℃，第二次发酵时控制在18℃~22℃；而制醋时的两次发酵过程，缸内温度都高于酿酒，都要控制在28℃~35℃。之所以会有"酿酒成醋"的失误，主要是由于酿酒过程中，第二次发酵时酒缸内密封不好，温度过高。如果有过自己酿制甜酒（醪糟）经历的人，可能也遭遇过类似的尴尬；就连我们买回家的甜酒如果不是一次性用完，盖子没拧紧，没放进冰箱，过一段时间那甜酒也会变酸。

由此我不禁联想到"可读性文本"和"可写性文本"，想起当下"读图"的影像视频、微博、微信、网页、App……，兜兜转转还是回到了图像与文字的营造构建。我并没有过有些人"图像将取代文字"的大惊小怪，甚至从没担心过报刊、电视之类的所谓"传统媒体"将会在"读图时代"彻底退出人类社会，我认为它们将会在这个时代找到自己的定位，以全新的面貌和接触方式继续存在，原因有二：一是公信力的需要。尤其是像中国这样的社会，行政控制的媒介的权威性不可能在短期内消失，既有受众的心理惯性和对新媒体的将信将疑，更有中国幅员辽阔、人口众多、民族多元、文化丰富与政令畅通、人心凝聚、协同发展、步调一致之间的必然需求。二是"碎片化"的媒介消费者重新聚合的需要。中国传媒大学黄升民教授曾说过："人们在个性化消费时代寻求特定群体的归属是推动消费者重新聚合的内在动力。碎片化背景下重新聚合的消费者在生活方式的某些方面拥有相似性，彼此之间拥有对话的平台，可以进行交流，同时自尊心和自我欲望也得到极大的满足。这种重新聚合的消费者集合体与以往的从众消费不同，它是个性化消费时代特定群体的集合，是消费者在追求个性化过程中寻求群体归属的必然结果。"当然，这些媒体也将与依托现代技术而生的新媒介一样，被赋予互动的属性。

酿酒和制醋，有相似之处但也有大的不同，工艺的不同造就了不同的成品，但都为人所享用。媒介都是为人类社会的维系而传播，但不同的技术和材质造就了不同的载体形式。"可读"和"可写"因为不同的初衷造就了不同的阅读体验，"读图时代"的图像与文字，因

为不同的配置造就了不同之"动"。不动,将会被抛弃;互动,将会
脱颖而出,与时俱进。

互动的纸媒

纸媒,指报纸、杂志、书籍以及各种以印刷形式呈现,以实体发
行、发表、发布为传播手段的媒介统称。

纸质媒体是步入"读图时代"最先被看衰的传统媒体,但我本人
并不如此悲观地看待。纸媒虽然有成本高昂的劣势,但它的易保存性
也是网络新媒体所不具备的,就以极端情况下为例,电、网络、硬件
设备的缺失和损坏,都可能造成储存信息的永久丢失,而书籍、报刊
等只要保存得当,可以保存几百年甚至超过千年,这也是从政府部门
的重要文件到企业的财务账本除了有电子文档和备份,还要保留纸质
文本的原因所在,也是档案馆、图书馆等机构依然被重视的原因所在。

纸媒的互动,当然不是指政府文件和财务账册,而是主要指以信
息传播为主的纸质媒介,如公开出版发行的报纸、杂志、图书、传单、
广告等。纸质媒介因为其材质和形式的局限,它呈现的基本上是固定
的形制,它不可能如同电子媒体和网络媒体一样,进行实时的、可变
的、随机的与发布者的互动,纸媒的互动主要是围绕发布内容的文本
与文本之间、图像与文字之间、读者与媒介内容之间以及有限的形式
上的互动。

一、内容的互动

无论是文本与文本还是图像与文字之间,"可写性文本"是内容

互动的主要形式。以报纸的调查报道、深度新闻和评论为例，这类文字都是以翔实的事件细节描述、全面的背景铺排、生动的情感导引、深刻的理论或理性反思为主，目的就在于引导读者开动脑筋，依靠文字线索在自己的脑海和心智中还原现场、理解事件背景、产生情感共鸣或认知升华。如果与图像配合，将是再现现场、相互佐证、形成对峙、触动情感、引发联想的互动触媒。

模式一：倚文联想，触情生境

这是一种以文字引发读者或受众产生画面想象，进而在文字和受众的心理图像的导引下，产生情感响应的纯文本模式。如宋代词人张先所写的《千秋岁·数声鶗鴂》：

数声鶗鴂。又报芳菲歇。惜春更把残红折。雨轻风色暴，梅子青时节。永丰柳，无人尽日飞花雪。

莫把幺弦拨。怨极弦能说。天不老，情难绝。心似双丝网，中有千千结。夜过也，东窗未白凝残月。

上下文的铺垫已将春光将尽、风雨摧落百花、柳絮纷扬和残月凄清的场景描摹殆尽。而失意的人连琵琶的细弦拨动的声音都害怕听到，那将勾起她深深的哀怨。盼天不老，愿情不绝，而"心似双丝网，中有千千结"，却最终把她思念故人、心事纠结的状态展现无遗。"结"既是中国自古就有的一种编织饰物，也表示事物的终了，有始就有终，有"结怨""结识""结果""结束"的说法；在汉语中，许多表示凝聚、聚集的事也常用"结"组词比喻，如：结义、结盟、凝结、团结等；在中国古典文学中，"结"被多愁善感的人们赋予了各种情感愿望，托结寓意。当用于表示青年男女的缠绵情思时，甚至可以说，人类的情感有多么丰富，"结"就有几多变化。所以，落笔之处用长夜将尽、东方未白、冷月清辉，把失意女子的凄切心境勾勒到极致。文笔精湛，描景达意，情感哀婉，与伊同戚。文字与文字相互牵扯，意境与文字勾连，词作令读者动容，互动贯穿始终。

　　"1975 年二三月间，一个平平常常的日子，细蒙蒙的雨丝夹着一星半点的雪花，正纷纷淋淋地向大地飘洒着。时已快到惊蛰，雪当然再不会存留，往往还没等落地，就已经消失得无踪无影了。黄土高原严寒而漫长的冬天看来就要过去，但那真正温暖的春天还远远地没有到来。"这是路遥先生的《平凡的世界》开篇第一个自然段，这一段时节、天气、地点的描述中，似是路遥先生看似自言自语地唠叨着冬春之交的物候转换，其实每个读者心中领略的是政治气候残冬未尽，当时当地的人们仍然处在迷茫和向往的纠结之中。路遥先生夹叙夹议的洁简开篇已经让读者心中做好了两个准备：作品将以一个低平的视角观察时代巨变；结合书名，这将是一部立意宏大，但过程平实且纠缠的作品，为读者的阅读预设了情境。"文本所携带的意义与读者赋予它们的意义相遇⋯⋯意义的遭遇被从更宽泛的语境中抽离出来，呈现为一种消费者掌握全权的实例"，① 读完全书，给我的感觉果然如此。可见"互动"的 DNA 在大家的文字中随处隐含。

　　模式二：相互引领，互相关联

　　图像与文字相互引领对方的意义走向，可以是首先以图像冲击受众眼球，再以文字阐释提升作品的整体效果或感染力，也可以图文易位，以文字吸引读者，再用图像巩固、深化或转折含义。这种模式中既要有抓人眼球的图片或文字形成焦点，可以是特色景观、人物或是器物的外观、构造，也可以是意义醒目的文字，如果将文字作为焦点，还应注意与辅助文字的大小、字体、颜色、角度形成显著差异。无论

---

① 张国良主编：《20 世纪传播学经典文本》，[英] P·戈尔丁、[英] G·默多克著：《大众媒介和社会》，复旦大学出版社，2003：578.

将图像或文字作为视觉焦点，另一方在形式、内容上不能喧宾夺主，以免再造焦点，焦点太多等于没有焦点。这种模式可以分为两种类型：

（1）图像引领文字

图 3-1 是我指导的学生创作的系列平面广告《食味长沙》。这四幅作品以长沙最负盛名的四道菜肴以及著名小吃的鲜辣造型和人物夸张的形象为主体，文字作为画面说明以相呼应。画面手绘鲜活生动牵引观者视点，手写体的文字或居一隅，或凌乱潦草于画面之间，实则抓住了食物本身的特点——鱼虾鲜活好看，辣椒炒肉香嫩爽口，臭豆腐不好看却好吃，用文字辅佐画面，引导观者的味觉想象，挑逗味蕾。该系列作品构图打破模式感，文字直截了当，让受众观看每幅作品都有新奇感，引起强烈的食欲和对长沙的兴趣，达到了城市形象宣传的良好效果。

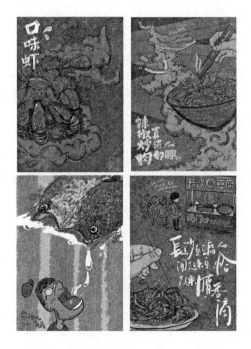

图 3-1

（2）文字引领图像

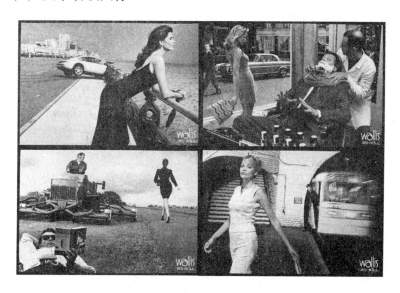

图 3 - 2

乍看这组图片（图 3 - 2），请问感受如何？四个色眼迷离的男士，四个人命关天的场景，都因为一个玲珑婀娜的美女——好色，不要命了！但是，请把你的视线移到每幅画面的右下角的文字："wallis""DRESS to KiLL"——"沃利斯""时装杀手"——时装品牌"沃利斯"的系列平面广告，广告主题为"时装杀手"。如果将右下角的品牌名称和广告主题文字全部取掉或盖住，人们确实会被画面中美女的颜值、曲线和气质吸引，也难怪画面中的男士会把汽车开上路基，把剃刀架到别人的脖子上，把剪草机开向躺在草坪上的人，列车疾驰进入紧贴车体的隧道，却还把半截身体探出车外，着实让人又急又气！但是当文字进入视角，你却忍俊不禁！原来这是服装广告！创作者用紧张的场景作创意，吸引人们的眼球，再用文字"时装杀手"跟大家开了个玩笑，最终将人们的注意力拉回到裁剪精致、款式新颖的时装上来。这组系列平面广告的画面的确吸引力十足，但文字却让画面生发出更富趣味的转折和令人回味的幽默，文字将画面引入了别样的境界。用文字"沃利斯"告诉自信的美女，穿上这个品牌的时装，你将成为任何场合的亮丽景致；用文字"杀手"告诉爱美的男士，看美女也得注意安全，否则危险就在你转过的脑后。

模式三：图文对应，或融或峙

无论是书刊报纸还是平面图文，最忌讳的是文字和图像互不相干，可有可无。丰子恺先生为鲁迅小说绘制了上百幅插图，他表述自己的创作意图时却将这些插图称之为"译"，仅仅是为了读者"便于阅读"而不是"代替阅读"，他的"图说"不能代替鲁迅先生白纸黑字里的"言说"，"图说"只能撩起阅读原作的兴趣而已——大家之风范，不但谦逊，而且道出了图文融合的目的。

报纸作为主流媒体时，"现代广告之父"大卫·奥格威曾经为劳斯莱斯汽车创作了一则报纸广告，这则广告至今仍是广告从业者和大学广告专业无法避开、必须研究的极品之作：

"这辆新型'劳斯莱斯'在时速六十英里时，最大噪声是来自电钟。"

什么原因使得"劳斯莱斯"，成为世界上最好的车子？一仕知名的"劳斯莱斯"工程师说："说

图3-3

穿了，根本没有什么真正的戏法——这仅不过是耐心地注意到细节。"……

作品布局是早期报纸广告上图下文的标准版式，画面为实景拍摄的汽车，广告标题从隔音——这一细节切入，随后的文案以这位工程师的口吻，详尽介绍了劳斯莱斯汽车从外观到内饰、动力、保养等19个细节，最后标明售价和经销商地址，条理清晰，都是干货。文字和图像相互铺垫，让读者的视线和思维不停地在图文间跳动，生怕漏掉一点信息，并产生出虽然只看到了汽车外表，但却有坐进车里、开行了一段路程的感觉。劳斯莱斯汽车的魅力在文字和图像的交享互动中展现无遗，"这辆新型'劳斯莱斯'在时速六十英里时，最大噪声是来自电钟"成为奥格威广告生涯最引以为傲的广告标题，也是让消费者怦然心动的精彩文字。

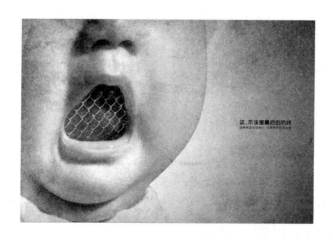

图 3-4

在图文关系中还有一种特别的形态——制造对峙，换句话说可以是制造矛盾、制造不和谐，从而吸引受众关注，产生心理或情感上的波动。如这幅画面（图3-4）就使观者产生了强烈的心理不适：在一个孩童的嘴里编织了一张金属网?！这种有违常理的图像抓眼球的能力不必担心，创作者应该考虑的是如何尽快满足观者的好奇心。这则公益广告的广告语"这，不应该是最后的防线"和下面的说明文字"提高食品安全意识，加强食品安全防范"，准确地将广告的公益属性和食品安全重要性表达无遗，使受众心里产生了高度警惕。而且试想一下，如果换成"童言应该无忌"，就变成了对成人不应扼杀儿童天性、过早训练小孩讲大人话的警醒；换成"我想家，但我说不出来！"又变成了关注拐卖婴幼儿现象的公益警示……

不过对于这种图文关系的使用，还是应该把握分寸，以免适得其反。特别需要提醒的是，图像与文字共处同一视域时，还要留心一下非同一内容的其他图文，以免产生我在前面提到过的那种尴尬的互动（详见识卷·动态图文之二"'读图'读的是什么"之第三节）。

二、形式的互动

纸媒的形式互动是极其受限的，这与其材质和呈现形制的相对固定有关，但这并不是说纸媒之中没有形式上的互动。文字本身、文本和图像共同的作品与材质和载体、文字与图像之间都广泛存在形式上的互动。

模式一：文字本身，内生互动

例如中国诗词中的"藏头诗""回文诗"，既是诗词作者的文字雅趣和智商体现，也是留给观者的互动游戏。

平湖秋月

（明）徐渭

平湖一色万顷秋，湖光渺渺水长流。

秋月圆圆世间少，月好四时最宜秋。

将这首七绝的每一句的第一个字拿出来，连在一起就是"平湖秋月"四个字，这首诗既是徐文长游览西湖美景的有感而发，又将西湖胜景之一的"平湖秋月"藏于每句首字，文趣美景相融，文思与你互动。

记 梦

（宋）苏轼

空花落尽酒倾漾，日上山融雪涨江。

红焙浅瓯新火活，龙团小辗斗晴窗。

将这首诗倒过来读就是：

窗晴斗辗小团龙，活火新瓯浅焙红。

江涨雪融山上日，漾倾酒尽落花空。

苏东坡将梦中所见的雪晴景致、烹茶雅趣记录成诗，而且是顺读倒读皆成诗的回文诗，其才华和品位自不必说，留给我们的，除去滚滚红尘中对他笔下闲适生活的向往，还有对这种文字乐趣的反复咀摸。

还有我们在谍战小说或影视剧中看到的情节，一连串的数字记录，然后找来特定的一本书，页码、段落、行列……一段情报信息就此翻译出来。这不是小说作者和编剧捏造出来的桥段，这确实就是密码学中的一种编译密码的方式，而且，这也是密码编制者、密码翻译者，利用双方都默认的同一文本，即密码本（可以专门编制，也可以特别指定一本公开出版的刊物）所进行的形式上的互动——实质上是隐藏于内心的信息互动。

模式二：借助材质，身心互动

这种模式需要借助文本和图像所共同构成的作品，与材质和载体再次构成关系，由观者参与其中展开互动。这种模式在广告领域应用特别多，例如户外广告、商品销售现场、模拟体验等。这些承载宣传图文的载体和材质，是专门制作、搭建的现场实物、模型、景观，专门印制或喷绘（写真）在纸张、专用布幅上，摆放在特定场所或悬挂、张贴在户外一定时间，且制作和发布后基本不能改变内容与形制的一种媒介。这些作品及呈现方式与纸质印刷品有相同、相似的特点，我认为，它们都应该归属于纸媒一类。

图 3 – 5

图 3 – 5 是一个户外广告系列《和你的孩子一起》，画面中的文字是提示家长带孩子一起"学习角度"（左上图）、"看看你有多高"（左下图）、"解开这个谜题"（右上图）、"看看你在月球上有多重"（右下图）。每个广告画面上的文字都有对应的图像呼应：左侧两图是角度和高度刻度，右上图的可翻转画板，有下图的两个重量读数窗，左边显示地球上的体重，右边显示月球上的体重，画面的右上角还有一个放大的月球局部照片，连接体重读数窗的还有广告牌下的一个体重秤——这是图像与文字的互动。从四幅广告场景照片可以看到：家长带着孩子荡秋千，让孩子在游戏中认识刻度；家长给孩子在广告牌

前量身高，让孩子了解高度的丈量方法和读数；家长和孩子一起翻转画板，看看谜题背后的答案；孩子称出在地球上的体重时，旁边的窗口同时显示出在月球上的重量，家长通过读数可以告诉孩子：月球上的引力只有地球的1/6——这是人与广告的互动。这是一则户外广告，这更是一则典型的互动广告。每个广告中的文字和画面相互对应，相互配合，说明文字"和你的孩子一起学习角度""和你的孩子一起看看你有多高""和你的孩子一起解开这个谜题""和你的孩子一起看看你在月球上有多重"，都紧扣广告主题"参与你孩子的教育"（GET INVOLVED IN YOUR CHILD'S EDUCATION）。而场景的照片也显示着：家长正带着孩子参与到广告设计之中，与广告形成互动。

如下面两幅（图3-6，3-7）户外广告，让途经的路人的视觉首先被吸引，然后就是利用建筑物的外观，使人产生心理震撼和认同，从而对广告宣传的瞬间强力粘胶的可靠度给予信任，对果汁饮料的纯天然和新鲜度给予心理暗示，最终对这两种商品潜在的消费者的最终购买起到提醒和激励作用。

图3-6

图 3 - 7

图 3 - 8

　　像图 3 - 8 这种手提袋的图片选择和提手的位置的恰到好处，无疑是经过精心设计的，旁边的文字"向自闭症儿童伸出援手"（Reach out to children with autism）又让我们再次将目光转移到孩子微微的笑脸，心中荡过一丝怜爱，一缕温馨。通过手提袋的图片和相关文字，人们的心里至少产生过两次波动：设计精巧、爱心流溢，图文互动，爱心互动。在地铁、公交车上，悬垂式扶手你应该见过很多，也使用过多次，但你也像图3-9图片中这样尝试过吗？你是否也仔细看过吊带上的文字呢？如果有，下次购买同类商品时，你选择这款商品的概率会增加吗？这种模拟体验换到销售场所（卖场、路演、兜售），可以提供的方式更加多样，如现场POP、商品手册、促销方式等。由于消费者在现场能看见或体验产品，现场使用纸媒的文字和图像应该弱化感性刺激，侧重理性的功能、特点介绍，让消费者得到更多靠眼睛和短暂体验无法知晓的相关信息，如产品性能、参数，激发潜在消费者掏钱购买的冲动。

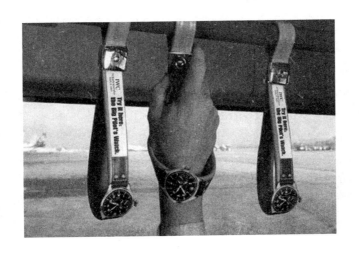

图3-9

模式三：图文互化，交融互动

图像本就是文字的起源，将图像导入文字，形成形式互动本就有着得天独厚的优势；将文字在保持概念意义的同时，进行图像化的设计，不仅使人有返璞归真之感，还更具发散和提升的空间，为互动提供更多的切入点和文本可写性，从而使意义的传达更富情趣，更显睿智，更加通透，更得拓展。对文字进行图像化处理和图像构图成文字是这种模式的核心，其呈现就是图文一体化，所以，这种形式更多是在宣传招贴、包装、广告、绘本、册页、传单等纸媒中采用。这种模式可分为文字图像化、图像文字化、图文融合化、结构异动化等四种方式。

（1）文字图像化

文字图像化就是根据表现主题和选定的文字，将文字的笔画或框架，作为图形或画面设计的点、线、面的预设轨迹，在不改变字体笔画特征的基础上，对字体进行图像化的变形与改造。

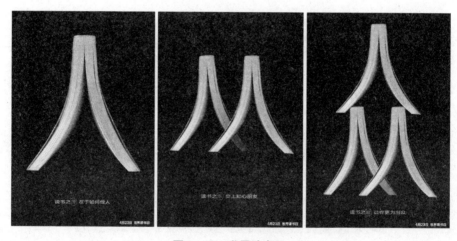

图 3 - 10　世界读书日

文字：人·读书之理在于如何做人 从·读书之乐交上知心朋友 众·读书之益让你更为出众

如图 3 - 10 的三幅"世界读书日"宣传图片，选择了"人、从、众"三个字作为图像化的对象，用打开的书本作为文字笔画的替代，文字结构和本身的意义清晰，书本形状一看即知，首先就让人明白了这是一个与"人"和"书"相关的宣传品。三幅图像化的文字下面的宣传语"读书之理在于如何做人""读书之乐交上知心朋友""读书之益让你更为出众",让人颔首称许,当然认可。再看到右下角"4 月23 日 世界读书日"的注脚,全览三幅图文版幅,"读书"——这个良好的习惯,人人都应该养成的感召宣示,立即在观者的心中凝聚。

这类文字图像化的设计和创意,在形式上以极简或醒目的视觉方式,既重现了文字形体本身但又不是简单直接的文字书写,形式新颖但文字所蕴含的意义得以深化,再与宣传语呼应,把读书和做人的境界层层提升,在世界读书日这个特定的日子里,把读书的意义在每个观者的心里进行了一番重新的磨拭。

图 3-11 是腾讯公司独家代理的一个网络游戏的公测预告,也许正因为是代理的缘故,这个预告版面依然突出的是自己的品牌和文化,这款游戏的特点——视角射击,也成为腾讯企业宣传的元素和工具。画面居中的就是腾讯的英文名字"Tencent",但每个字母全部都换成了枪械的构成部件,并且依然按照"Tencent"的字母顺序组合成为了一枝质感冷峻、科技感十足、荷尔蒙爆棚的"枪"。《使命召唤Online》是一款已连续出品了十四部正式作品的第一人称视角射击网游,出品商宣称,这款网络游戏是史上最成功的娱乐 IP 之一,其总收益已经超越了漫威电影票房总和,同时是《星球大战》电影票房总和的两倍。但腾讯游戏依然将自己母公司的品牌宣传摆在更高的位置,左下角 LOGO 之后的文字就是腾讯的企业使命"通过互联网服务提升人类生活品质"的第三人称宣传语:"腾讯,用互联网服务提升人类生活品质"。

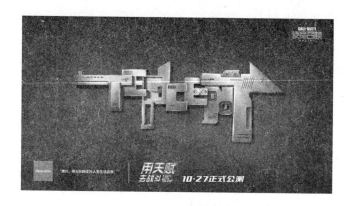

图 3-11 使命召唤公测预告

之所以这样处理宣传主题，当然首先体现了腾讯公司作为全球顶尖的互联网综合服务商的自信，也有着对这款网游支持者的充分了解——对早已沉溺其中的游戏迷，只要提"使命召唤"四个字和新版本的公测时间就够了；不知道的人请自己去搜索了解，就凭我腾讯的名头，我愿意独家代理的网游肯定不会错。而腾讯自己的品牌和企业文化是要时刻宣扬，精心呵护的。通过将企业名称进行图像化处理，而且是在一款全球畅行的网游的公测预告中，让每一个观者既能知道游戏公测信息，更对腾讯的实力与自信加深了印象。特别值得一提的是，这里的文字是英文，这种拼音文字的外形和结构与枪械的棱角、线条，相比汉字"腾讯"的笔画和结构，更容易找到结合点，更容易进行图像化处理，这应该是创意者和设计师慧眼所到之处，并且左下角的企业理念前面专门加上了"腾讯"和 LOGO，所有的 VI（企业 CIS 系统中的视觉识别系统）要素一个不落。

在文字图像化的设计中，可以用变形或改造的图像完成对指称文字自身意义的还原演绎，也可以对文字所特定的文化特征、人文地理进行积淀和升华，还可以对经济特征、节庆会展、时尚潮流进行助推或点缀，在寓文于图中引发受者正向的、积极的思维互动。

如图3-12这则山西平遥的旅游标识征集设计，就营造出文寓于图，图溢于文的互文景观。这个构图整体的第一印象是个"遥"字，但它的上半部分却是个倒置的"平"字，所以构图实际上完整包含了"平遥"二字。再细看倒置的"平"字，笔画中又借用了中国古建筑中的斗拱结构的外形，而整体的半包围结构，既有小而为家的四合院的紧凑，又有大而分明的街道的划分，还有空中俯瞰的简约。据设计者自己介绍，"平"字倒置与下部结构共同组成"遥"字，还象征乾与坤，"至哉坤元！万物资生，乃顺承天。"相辅相成，和谐共生。"窑"字的一点取形于古钱样式，象征古代平遥"汇通天下"的曾经辉煌。如此以文字图像化所创意设计的城市旅游标识，最初的视觉感知就是一幅抽象化的图像符号，再加端详才会发现这些抽象图像符号隐形呈现的字体表征，内里所包含的元素，悠久到《易经》卦象爻辞，纵深到历史深处，宽展至建筑城建，平铺于一笺图文。这种在字体笔画框架融入地域文化特征的文字图像化变体，图像的表意范围跳

图 3-12 平遥旅游标识征集设计

脱了文字本身的指涉和封闭，图文的关系超然于拘谨的简单对应，图像更多地成为文字所隐含的特征与文化意义的承载对象。设计者的缜密心思着实令人折服，对作品进行解读，让人有百转回肠、蕴味悠悠之感。

（2）图像文字化

图像文字化就是根据表现主题和选定的图像，将图像的整体或局部，演变为文字的笔画、结构，在不改变图像特征的基础上，对字体进行图像化的纹理修饰和繁简处理，以保持其整体的图像审美感受。

图3-13的两则地产广告以浓艳的色彩和飞溅的荔枝果浆为背景，两位翩然起舞的美女似长袖（缎带）飘飘，也似激情洋溢，用舞动的身体和扬起的、带着鲜活质感的色彩，分别写出"颜"字和"角"字。画面的艳丽和舞者的张扬本已足够吸引眼球了，而下面的广告文

图3-13　励志公馆营销广告

文字：优秀的人连颜值也优秀/总得有人是主角，为何不可以是我

字"优秀的人连颜值也优秀"，"总得有人是主角，为何不可以是我"
与画面中心的"颜"字和"角"字对应，令人大跌眼镜——自信爆
棚，莫过如此！看来这是一个档次高端、售价不菲的楼盘了，成不了
"角儿"的、颜值不高的人就不必勉强了！

　　尽管广告定位有些曲高和寡，但仅从画面创意和图像文字化的处
理来看，还是有些值得借鉴的地方。首先，图像色彩和人物表现足够
引人注目，作为广告宣传的第一点已经做到了。第二，"颜"字和
"角"字再加上对应的广告语，定位明确（准确不敢说），广告的定位
策略也体现了。第三，图像中植入的文字和人物造型符合背景颜色和
风格，不违和，确醒目。第四，楼盘的名称叫"励志公馆"，仔细看
看背景中飞溅的果浆外，鲜红的荔枝果赫然在目，构图不牵强，荔枝
还承托了"励志"的谐音。第五，广告画面的最下方还有一行字，也
就是这两幅广告的主题："我是励志派"——这才让高调和张扬接上
了地气，有志者，请入内！——这也是我最终选择这两幅作品的原因。

　　图像文字化极容易吸引观者，图像直观、直接，再加上选择图像
一般都是在色彩、构图上比较讲究的，而文字的导入一般会经过慎重
选择，精致处理其纹饰、机理、质感，整体的优越性要超出一般画面
许多。即使在扎堆的报纸广告或林立的户外广告牌中，也很容易脱颖
而出，但前提是要有优秀的文案策划和功力老到的设计人员。像这两
幅广告的策划人应该比较年轻、激进，所以，文案的撰写上起初给人
的感觉有些唐突。好在设计师用他的精致留住了观者，使观者愿意在
享受视觉愉悦的情况下再看看下文，否则满盘皆输。

　　这两幅以"孝道"为主题的公益广告（图3-14）以凝重的灰色
调为背景，电话和电话线是图像元素，与"孝"字下半部分和"道"
字的内部共同组合成图像化的文字。对应的广告语："别让电话成了

父母的牵挂"十分传神地描述出画面特征：电话、电话线、灰色的背景。电话是现代上班一族联系父母使用的工具，也是很多人用来代替回家看望父母的办法；电话线一头连着父母，一头连着在外的儿女，电话线越长越容易纠缠，电话越多见面越少，父母的思念和牵挂也就越多；灰色的背景黑色的图文，映射的是父母的孤独和儿女的忙碌，更加深刻地指出了为儿为女的人们应尽的孝道，提醒人们不要总用电话代替面对面的关心，不要用忙碌的借口加深父母沉沉的牵挂，电话要打但更要多回家看看。看过这两则公益广告的人，如果是懂得孝敬父母的人，大多都会想到：尽孝道，首先就从"别让电话成了父母的牵挂"做起。

图 3-14 孝道

文字：别让电话成了父母的牵挂

第二种图像文字化的创意和设计思路，与第一种截然相反，画面极简但内涵深刻。因此，图像文字化的创作思想并非是浓墨重彩，精致无比，也不一定非此即彼。这种方法因为是以图像为基础的文字植入，文字才是图像的落点和点睛，图像与文字的关系不应该是平衡的对应或对等，重心应该偏向于文字，而且图像本身就有指涉的多向可能性，创作和设计者的本意本身就需要文字的澄明和导向。图形与图像是基础，关系到观者的视觉会否为之停留；文字是指针，整幅图文能否准确地传情达意，靠的还是文字。

（3）图文融合化

图文融合化就是根据表现主题，选择或制作出图像，再将文字的整体或局部融入其中，也可先选择好文字并进行图像化处理，最终使图像与文字协调有机地融于一体，但又不失文字的辨识度和图像原本的特征，图像与文字合力完成主题呈现。

图3－15也是"世界读书日"的主题宣传系列招贴。这三件作品都是以相同的创作思想进行设计，设计是根据创意命题和选择的文字，将"理想""命运""知识"三个词组的字体进行图像的创意化变形，利用汉字笔画横平竖直的特点将它们改造成书架的样式，然后在横向线条，即书架

图3－15　读书 实现理想/改变
命运/汲取知识

的隔板上放上书籍外貌的图形。这样的变形改造既保持了字体形体的独立性，又有图形的识别性和审美意趣，融合化的图文初看是字，细看是图，设计感极强。每幅图下方的文字都紧扣读书主题，"读书 实现理想"、"读书 改变命运"、"读书 汲取知识"，呼应上方的书架、书本，形不散，神更聚，知性中透出美感，让喜爱读书之人仿佛又嗅到了熟悉的书斋气息，听到了书页翻动的沙沙韵致，为即将走进书架翻看书本的人营造出久违的亲近感，唤醒了记忆中沉睡已久的书卷情怀。

图 3 - 16　FIREMAN　城市的守护者

文字：永远别让人落在你身后／根本没有时间去思考其他的，只想着第一时间冲进去救人／无论多棘手，办法总比困难多

　　按照常规理解，图文融合化应该是将图像与文字和谐有机地融于一体，但图 3 - 16 给人的第一印象却是混乱。其实这个系列采用的是一种很另类的图文融合处理方式——混杂，也是图文关系中"对峙"的一种演绎，即有意制造图像与文字的不和谐、不互补，以有违常规审美规律的视觉景观挑逗观者的好奇心。所以，当看到这违和的画面，你可能更想弄清这到底要表现什么。于是，你将不自觉地将目光移动到能看清楚的文字上："永远别让人落在你身后"，"根本没有时间去

思考其他的，只想着第一时间冲进去救人"，"无论多棘手，办法总比困难多"。再看下面的宣传主题，"城市的守护者"，顶端还有个英文单词"FIREMAN"（消防员），这下你就明白了，而混杂的图像、文字也在你的眼前清晰起来——好像是在磨砂玻璃上，不，是在一块被烟尘覆盖的玻璃上划出的英文句子，内容对应着每幅画面的汉语文字："DON'T LET A PERSON FALL IN BEHIND YOU FOREVER"，"NO TIME TO THINK ABOUT OTHERS　ONLY TRY TO RUSH IN TO SAVE THE FIRST TIME"，"NO MATTER HOW DIFFICULT　THE METHOD ALWAYS MORE THAN PROBLEMS"。英文字母的笔画擦拭掉了玻璃上的烟尘，浓烟、大火、消防员的身形、背影和脸庞，透过玻璃上有限的、清晰的笔画过处被我们看见，凭着我们的想象，玻璃背后的那场大火正在肆虐，消防员们正不顾浓烟与火舌的狂妄，为保护我们的城市、财产和人员安全竭尽所能，不让一个人落在自己的身后，以最快速度抢救生命，让智慧和勇气总比困难更胜一筹。这就是消防员，我们的守护者。透过这混杂之后的清晰，浓烟烈火中的消防员不显得更加伟大?！相比有序中的祥和静谧，再怎样健硕矫捷的消防员，也顶多引出你的一句"猛男""帅哥"的浮夸。如此看来，图文对峙的效果在此处此景中激起了互动的质变。

图文融合化不同于文字图像化不能改变字体的笔画结构与形体特征的改造要求，也不同于图像文字化不改变图像特征的设计特点，图像和文字都可以作为创作元素，根据创意和设计的需要进行不妨碍整体认知的改造变形。图文融合化当然要求图像与文字以"和"为贵，文字意义与图像指涉合力共谋，既要完成内在的回馈与生发，也要与观者共鸣共享，但物极必反，否极泰来，对峙、对立有时就是更高层次的融合。和与峙，因题材而确立，依主题而确立，为和而和，为对峙而对峙，反而牵强，导致逆反。图 3－17 就是个反面例证。这是个芝麻油产品的平面宣传品，用蔬菜瓜果摆设出"寿"字图形，本身就很俗气了。还要加上一句"健康生活，缺一不可"的文字，让人开始产生反感。现代人都知道，健康的饮食应该讲究荤素搭配，营养均衡，只有素食，还真不一定长寿。尤其"寿"字图形中的那一点换成了一滴油，芝麻油好像不是这些蔬菜水果里提炼的吧？把这些不相

图 3－17　健康生活，缺一不可

干的元素凑在一起就为了凑出一个字，而且最不和谐的这一点，竟然就是这个宣传品推介的商品，更是让人啼笑皆非。在共性中显出个性，在规律中显现极致，在同质中显露另类，融合都是可以包容的。

（4）结构异动化

结构异动化就是根据创意和表现的需要，对图像或文字的结构或形态进行较大的增减、损益，以达到重点突出、关键提点的视觉效果，触发观者较为强烈的心理互动。

先讲个真实的故事吧：某单位全体职工大会上，最高领导做年度报告。台上领导激情四溢，唾沫横飞，台下职工昏昏欲睡，强打精神。忽然领导念到一句"某某同志对单位忠心耿耿"时，台下所有人都坐直了身子，惊讶地与旁边的同事对视……片刻，大家狂笑不已。原来

领导的讲稿是秘书写的，字稍稍有些潦草，关键是结构还不紧凑，领导本也是文化"水不平"的主儿，愣是念成了"某某同志对单位忠心耳火耳火"……看看下面这几幅图片（图3-18），你会怎么念?!

但愿你能读成科比、马琳、姚明！这是一个"全民健身日"的系列宣传招贴，设计师选择了三个世界级的体育名人的名字，他们的名字的汉字结构都是左（中）右结构，设计时就用结构变异（拉宽）的手法，像是与人们的身材相对应，再与右下角的宣传主题"好体态 别让运动停下来"呼应，运动，贵在坚持的观念立刻在观者的心理得到响应，全民健身日的宣传效果正在轻松和戏谑中得以提升，全民健身的理念也伴随着这个夸张的创意被传播开去。

观察图3-19你又看到了什么？第一眼应该就能看清"亲人、伙伴、幸福"这三个名词，但跟下来的"都去哪儿了？"是不是让

图3-18

人心里产生出疑问，所以你会再仔细打量这三个名词。原来，设计师把"亲、伴、幸"三个字中"￥"这个部分的红色抠掉而仅留下了笔画的框架，下方文字是"当贪婪带走'￥'的时候，也带走了生命中

最重要的……"图十是一则反腐倡廉的公益宣传招贴，钱币符号"¥"与"亲、伴、幸"三个字的局部结构正好吻合，这就是设计的创意点，然后对这些局部进行删减处理，画面因缺失而不再完美，家庭因缺失而不再美满，朋友因缺失而不再亲近，幸福因缺失而不再相伴。观者唏嘘不已，不由自主地进入更深层次的思考。这种文字和图像的延展不单是观者在招贴前停留的时间，将更持久、更深刻地在他们的心灵深处蔓延。

图 3 – 19

对图像和文字进行结构上的异动，或增益、拓展，或删除、缺损，确实有一定的风险，操作不当很可能"偷鸡不成蚀把米"。但往往成功的结构异动作品能让人产生比其他方式更加深刻的心理互动，文字的规范性本来就比图像要强，对文字结构动手动脚就是对这种规范性的挑战，所以，这首先就能刺激人的心理。如果图文之中还包含了故事、内涵、延展和意义，如果观者自己就能为之自洽逻辑，心理互动的强度自然加大。相较于图像化文字结构的异动，图像结构的异动往往要浅显易懂，除非创作者本身就是要追求自己的艺术境界而非对每个人广播，不过这种追求只适合艺术家而非"读图时代"的普罗大众。

　　图3-20的两则寝具广告画面中，设计师对床垫进行了有趣的结构异动，把多余的部分都切掉，仅仅留下了人形的睡姿，给人的第一印象是既好玩又有些怪诞。人的睡姿千奇百怪，而变异了的床垫居然就是人的睡姿形状，所以人们会有想多看两眼，多些了解的愿望。"慕斯寝具，私人订制睡眠"，让人看到了厂家的自信——无论你怎么睡都舒服，而私人订制说明品牌定位于高端。围绕主题图文呼应，画面生动传神还有趣，文字简洁明了还点名，顾盼之间略加思索，会心一笑默然颔首是为最妙。互动，要的就是这份轻松。

图3-20

互动的电子媒体

　　电子媒体包括广播、电影、电视、各类电子显示屏等，我将网络媒体（网站、手机、固话、QQ、微信、微博等各类可传播资讯的App）也包含在内。不过，在此研究中我们主要讨论的是图像与文字的互动关系，所以在下面的研究里，广播、电话、手机的语音通信将不在讨论范围之内。

　　总体而言，电子媒体的技术和介质为互动提供了基础条件，随着技术的发展，互动的方式不但更多、更便捷，同时更成为现代受众对媒介选择的必备条件。当下的电子媒介技术繁多且更新迭代快，新的媒介形式不断涌现，传播的功能依目的的多样性、个性化也各具千秋。根据电子媒介发明和出现的时间，电影和电视是最先成为大众传播工具、且最受大众欢迎的媒介。电影自身就经历过默片向有声的进化，在20世纪90年代中后期，由于电视媒体的高速发展，电影曾经陷入低迷。进入21世纪后，得益于计算机技术在后期制作的强势支撑，电影开始了新一轮的爆发期。而在20世纪末21世纪初，一度风光无限、力压群媒的电视却没这么幸运，自2008年市场占有率被互联网超越之后，再无夺回霸主地位的机会，且地位和市场份额的跌落和丧失仍在持续。尽管21世纪初，数字电视的出现给电视媒体带来过一线希望，但电视人却不是在技术创新和互动内容设计这两个方面发力，反而去与电信商抢夺市场，制造技术壁垒——拿自己的短板与电信商的传统优势竞争，放弃自己的长项，结果一望即知，也再次失去一轮绝地反击的机遇。从2016年开始，陆续有电视台或频道被划转或停播，但议论此类新闻的人几乎没有。电视台关闭并不可怕，但电视台的关闭居然无人问津，甚至不被知晓，这才是最可怕、最可悲的事情——人们当你不存在时，你的价值可想而知。忽视电视技术再突破和内容互动，是导致电视台落到如此境地的主要原因。

一、内容的互动

电视台最风光、最鼎盛时期的节目竟然是娱乐节目，而且世界各国的电视台都是一样！20 世纪 80 年代中期，美国学者尼尔·波兹曼在《娱乐至死》中深刻批判了以电视为代表的图像文化，将其斥之为足以让美国人"娱乐至死"的大众传媒。美国批评家道利斯·格拉博（Doris A. Graber）曾批评电视对美国政治和美国民众的不良影响，认为："在许多方面，电视时代已经反拨了人类学习知识的时钟，回到了只能眼见为实时代的学习。电视让人们即刻或稍后就能看到事件的发生，无须再依靠文字的描述。自从有了文字印刷的新闻，即使运用照片和图解，也不可能全然捕捉事件的发生。人们原本指望电视时代的公众能够比以前更好地把握现实，包括政治现实世界。这个指望已经显然落空。目前的研究者大多数都指出，尽管电视新闻的政治内容多多，但大多数美国人认识政治的水平却是令人失望。"[1] 同样的情况也发生在中国，遍览各省级卫视，但凡现在还能有些收视率的频道和节目，肯定就是电视选秀、歌会、大型文艺晚会，这样的节目无须观众用心而只需盯着荧屏傻呵呵地娱乐即可，而对于其他节目，电视缺乏网络媒体的交互功能，尤其在内容互动上缺少尝试，大多仍然沿用以往的说教方式或平铺直叙的风格制作画面，撰写文案，观众自然不

---

[1]　Doris A. Graber, "Seeing is Remembering: How Visuals Contribute to Learning from Television News", Journal of Communication, No. 40 (1990): 134.

会买账。"内容为王"被传统媒体奉为圭臬，殊不知"读图时代"的网络媒体偏偏颠覆了这个观点。直播、短视频它有实质性的内容吗？主播们的瞎掰，甚至什么都不说而就是不停地吃吃吃，都会让一众粉丝点赞打赏；一个吓死人的标题让无数人蜂拥而入，点击之后居然只是网络"小编"或某位"达人"的哗众取宠，但受众下次还会甘心被骗。这说明现代人的浮躁与无聊，同时证明了现代人对电视节目内容的失望。

电子媒体的内容互动，本质就是画面和文字所构成的内容要能打动受众，牵动受众的思想，随画面和文字去思考，情绪上有反应，甚至有后续的行为发生。譬如我前面提到的路遥先生的《平凡的世界》于2015年被搬上电视荧屏，同名电视剧如同其名字一样平凡开局，但随着情节的推进收视率和市场份额渐渐抬升，到结尾时收视率达到0.9％，排名第2，市场份额占到2.48。从2015年开始到2018年，该剧几乎囊括了国内各项电视剧奖项，拿奖拿到手发软。按说这是一部农村题材的电视剧，为什么举国上下、从乡村到城市都在"围观"该剧呢？我认为从原著到改编，从导演到演员，都以真诚的态度与观众心心相印，以真实的还原与观众时时互动。路遥先生的文字平实无华，编剧的改编保留了原作95％以上的情节和人物关系，演员都用陕北话对白，在过渡和转场时加入旁白叙述和说明，文字功夫下得十足。全剧在路遥先生的老家榆林拍摄，为还原70年代农村的真实景象，道具和场景布置近乎苛刻。演员们为追求表演真实可信，顶烈日冒风雪，就着黄沙吃饭都极为平常。从观众的观后感中可以看到，50年代、60年代出生的人似乎看到了三十年前的自己，而80年代、90年代后出生的人，通过这部剧重新认识了自己的父母，开始真正意识到改革开放对现代中国的意义所在。语言对白所代表的文字，场景画面和演员表演所代表的图像，在剧中和谐相处，互生意义，对荧屏之外的观众而言，或煽情、或压抑、或兴奋、或悲摧，令观众在近一个月的观剧过程中念念不忘，反复回味，有人甚至干脆买来小说，边看电视边翻原著，好不忙碌。同样的效果也出现在电影之中，2017 年底上映的影片《芳华》也是一部赚足了中年人眼泪，赚够了青年人思考，也赚取了 14 亿多票房，与现代主流审美意识若即若离，对人性的恶和集体冷漠进行批判。虽然这部电影获奖数量和褒贬评价齐头并进，但它在内容上与观众的互动是成功且值得肯定的。

电子类媒介中涉及视觉图文的创作，几乎都应该重视内容的互动。电影和电视剧的创作由于其"可读性文本"——即创作者的主观性更强，尤其是电影观影的客观强制性，即坐在专门的电影院观看（当然在电脑和移动设备上观影也是很多人的选择，但观影体验仍然无法与在影厅观看相比），看似内容的互动不是那么迫切。电视剧的观看由于观看的环境不像电影的要求那么高，所以观众的中途流失是出品人最头痛的事情，因此，电视剧对内容互动的要求相对强于电影。通过上面举例的《芳华》和《平凡的世界》，我们不难看出，影视剧的内容互动关键还是在"故事"，即讲故事的水平高低，这就是影视剧互动的关键所在。限于篇幅和学科的专业性，我们在此的讨论就不再深入，不过还是赘述一句，现代人已经没有 60 年代、70 年代人的忍耐力，打动不了他（她）的电影，即使是在买了票的电影院里，中途走人已不鲜见。所以，电影对"讲故事"绝不可掉以轻心。

视觉图文在电子媒介中实现内容互动，其实有规律可循。无论媒介形式如何，其表现载体都是视觉图文，所以，我们应该主要从视觉图文的新奇、悬念、体验等三个方面切入。

　　（1）新奇性

　　新奇性主要指新鲜感和奇特性，新鲜感主要指图像与文字所表现内容的新鲜和领先，奇特性偏重于图像与文字视觉呈现的奇特和鲜见。新鲜对立于陈旧，奇特对立于平庸。新近发生的事情叫新闻，别人没干过的事情叫创新，用图像与文字表述这些事情，就掌握了互动的先机，为视觉图文埋下了互动基因。

图 3 - 21　乐百氏纯净水"27 层净化"视频截图

　　乐百氏公司在 20 世纪末曾推出一则纯净水电视广告（图 3 - 21），这则视频广告以蓝色基调为背景，一颗晶莹剔透的水滴从上方滴落，透过特技制作的、以文字标识成分的 27 个过滤层，伴随稍后加入的配音（文字语音）"为了您可以喝到更纯净的水，乐百氏不厌其烦，每一滴都经过严格净化，足足 27 层，您会喝得更放心。乐百氏纯净水，真正纯净，品质保证"，水滴终于汇入纯净水的海洋，产品包装与文字"真正纯净 品质保证"定格完成。这个创意其实并不新颖，甚至有些平庸，但它的高妙之处却是创造了"27 层"的概念，而且把这个概念从图像和文字两个角度都进行了强化。有人会问："27 层?!"谁亲自到生产车间里数过吗？再多一层又会怎样？减少几层就不纯净了吗？

其实消费者并不在意，关键是乐百氏首先提出这个数字概念，之后谁再提就是"陪跑"，就是提"100层"受众只会认为这是哗众取宠而不接受，因为视觉的"27层"和语音的"27层"相互印证，互为补充，观者从感性的体验到理性认知、品牌记忆已经被强化了。

在视频中，文字概念"27层"就是创意点，也是受众能与这则广告互动，被其吸引→关注产品→购买产品的关键所在。"27层"不仅通过语音的方式传递给受众，而且以具象的文字图像化为过滤隔层，这也是一个图文互动的小彩蛋，让原本没太多新奇感的画面有了一点小新意。所以，这个图文视频中文字的互动能效显然要大一些。同样是与水有关的图文视频，我曾以"团结友善"为主题，向学生下达了一则30秒公益广告的创作任务，其中一个创作团队就以水为对象，创作了一件作品。

这个团队将创作视点对准了残疾人群。他们拍摄了数百张残疾人在各种状态下的照片，同时通过各种渠道收集了大量关于残疾人的资料和数据。如资料显示，中国有500万盲人、2004万聋人、127万哑人，8296万残疾人，他们对社会最大的需求是友善和平等……创作团队在初期的创意尝试中，大多是对残疾人在各种状态下的照片进行编辑，再叠加文字加工而成，画面极具视觉冲击力。我却在看到第一批样片后指出：有些的画面将引起很多受众的视觉和心理不悦，尽管宣传的是一个公益主题，但要考虑普通受众的心理感受。广告不同于影视剧的画面表述方式，影视剧有足够的时间去营造氛围和演绎过程，虽然广告也有完整的叙事结构和画面逻辑，但缺乏让受众由不适到适应，再到理解、接受的时间跨度。再者，用直白的图片表达公益诉求，创意思维过于简单，尽管事先征得了拍摄对象的同意，但把他们未经修饰的状态呈现在大众面前，客观上还是对残疾人的不尊重。学生们联想到自己和家人平时观看影视剧的类似经历，承认这次任务过多考虑画面的冲击力而忽略了受众的心理感受。经多次推敲，大家形成了用动画制作的文字取代照片的创意思路。

　　学生们经过讨论，决定用墨汁滴入水中后的稀释比喻社会对残疾人生存状态的理解和尊重，作品定名为《友善如水》。学生们准备用特写镜头拍摄下墨汁滴入盛满清水的玻璃杯后，在清水中稀释、弥散的过程，然后用动画制作出"盲、聋、哑、残"四个字，将字体与抠像后的滴墨位置进行合成。我对创意表现进一步指出：创意有了，但还达不到创意广告抓人眼球、让人思考的效果。要引起别人对一则广告的关注，平铺直叙肯定不如有所铺垫，埋设伏笔，然后再点出主题的效果。针对他们准备用单一机位拍摄同一场景的设计构思，我建议他们在使用近景拍摄墨汁多次滴入玻璃杯，水逐渐由清澈转为浑浊过程的基础上添加一组镜头：在同一位置摆入一个装满清水的大玻璃缸，同机位拍摄玻璃杯中浑浊的水倒入玻璃缸后被稀释到几乎没有痕迹的过程，再将动画文字与画面合成（图3-22）。

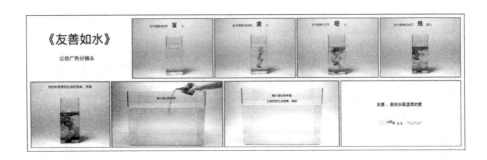

图3-22　影视公益广告《友善如水》分镜头

　　制作完成后的整部作品中，画面没有一个残疾人的图像，代之以文字、数字，通过字（墨汁）多次滴入玻璃杯后水变浑浊的效果，喻指残疾人群生活在孤独和不被外界了解的世界里黑暗日益加深，浑浊的水融入大玻璃缸后被稀释，喻指在全社会的了解、尊重和平等对待下，残疾人的生活将变得明亮和美好，最后定格推出广告语"友善，是如水般温柔的爱"，点睛和呼应"团结友善"的公益主题。全片既照顾了弱势人群的尊严又顾及了观者的视觉感受，伴随音乐和水色的变化，用视觉引导着观者友爱之心的自觉自醒。

这则学生的实践作品虽然没有公开发布，制作用的设备和制作技术也无法与专业的广告制作公司相提并论，但它的新奇性中包含有浓浓的人文关怀，即用文字代替残障人士的图像。在视频制作中用对比的手法，让水经历清澈、浑浊、再清澈的视觉变化，更容易获得观者的直接理解。图像与文字互为主辅，一段平静的视频观看之后，观者的内心却不再平静。

用图文把握事物的新奇，内容尤其要新，因为内容文章是做给心理的，而喜欢新鲜、好奇是人的正常心理。即使是旧闻旧事旧表现，也得有新瓶新妆新说法，了无新意只会让人掉头就走。图像与文字的新奇性，全新当然最好，点新（心）也有人爱！

（2）悬疑性

悬疑性主要指制造悬念。悬疑其实也是为满足人的好奇心而人为制造的，"人为"就是上一节新奇性中的"奇特感"的变异基因。奇特感并不是人为营造的，来了就来了，而悬疑是刻意预设条件，让人进入心理状态之后追随悬疑制造者的引导，一步步自我紧张，寻求解脱。比如警匪片、恐怖片的高潮部分，就是导演通过前期的人物关系、剧情铺垫、线索预埋将观众导入他设定的逻辑思维和心理情境，然后在悬念揭晓之前再通过刻意制造的印象、场景、光影、音响把你的神经拉紧到极致，最后一触而发。而电视剧往往将阶段高潮、看点放在下一集的开头，因为导演把悬念放在了上一集的结尾，勾着你不停地看下去——这就是追剧的理由。这也是网络媒体的"标题党"最爱的套路：史上最……，……原来是他，……等你点击进入，稀松平常，什么都没有！

"我是谁？我是什么样的人？也许你从来没有想过。"这则视频（图3－23）的画面平实、常见，但文字旁白首先挑起了悬念；

画面依然在推进，文字的旁白配合着一个个场景将"我是谁？"的疑问越撑越大；

"我是离开最晚的那一个"；

"我是开工最早的那一个"；

"我是想到自己最少的那一个"；

"我是坚守到最后的那一个"；

"我是行动最快的那一个"；

"我是牵挂大家最多的那一个"；

图3－23　"庆祝中国共产党成立九十五周年"公益宣传视频截图

直到最后，六个普通人同处在一个画框中，微笑如平常的你我，文字和旁白一起呈现"我是中国共产党，始终和你在一起！"刹那间，与疑惑一起消散的，还有普通群众对共产党员的距离感，随即定格文字"庆祝中国共产党成立九十五周年"，让观者对带领我们共筑中国梦的中国共产党蓦然升腾起既敬重又亲切的心潮涌动。原来，这是一则用平凡岗位上的人物的工作状态，展现共产党员的高远情怀，以纪念建党95周年的公益宣传视频。

这则视频的节奏和情节推进徐缓有致，文字和图像的互动着实营造了十足的代入感，尤其单个人物的画面和集体亮相时，画面只有旁白配音无文字和文字加配音的变化，使悬念的制造、解答，再到观众情感的迸发，图文的互动效果设计精妙。这种精彩的设计在现在的广告作品中较为少见，加之是公益题材，如果应用于商业广告，一般情况下应该最迟在第5秒时，就体现品牌或广告诉求，除非创意足以吸引观众。这种设计如果没有十足的文字和图像的把握功力应谨慎使用。尤其将一些鲜为人知的掌故、逸闻当成创意元素时，务必运用好文字和图像相互延展的互动特性。

反观也是悬念十足的"百岁山矿泉水"的视频广告（图3-24），该品牌至今已推出三个版本时创意广告，遗憾的是，我和绝大多数观众一样，对它的每一个版本的解读，至今仍是一头雾水。无奈之下，通过百度搜索才看出点眉目。广告以1650年52岁的数学家笛卡尔在斯德哥尔摩街头邂逅18岁的瑞典公主克里斯汀，笛卡尔后来成为公主的教师并与公主演绎了一段爱情悲剧为创意源本。广告里撤换了概念，以百岁山意喻"经典、浪漫、难忘、瞩目"。整则广告据说制作成本高昂，古堡、豪车、骑士队、街道、公主、老人、帅哥、儿童……全部在欧洲实地取景拍摄，画面不可谓不精美，演员的表演也可圈可点。

图3-24　"百岁山矿泉水"广告视频截图

但创作者过高估计了笛卡尔与克里斯汀公主浪漫典故的知晓度，仅在片尾出现文字和配音"水中贵族，百岁山"，而且依然对故事没有任何补白，悬念依然没有解开。所以广告播出后，受众的疑惑、调侃、戏谑就理所当然了。百岁山矿泉水看上去在市场上卖得还不错，这当然是广告的功劳，不过并非是对产品广而告之的回馈，而是这莫名其妙的广告让人注意到了这个品牌。

悬疑性是受众乐于接受的"读图"路径，图像与文字的合力共谋，很容易为悬念的制造提供密码。不过编制密码一定得把握火候，解密的受众可是芸芸众生。不论哪种媒介和呈现形态，千万不要把视觉图文的悬疑玩成了个人的自嗨！

（3）体验性

体验性主要指图像与文字所表现的内容施加给受众的情绪感受。图文互动，作为一种信息传播手段是符合人类的自然沟通行为的一种双向沟通理念，心理互动是图文互动的灵魂，相对于简单的信息播报和无须响应的单向传播，它拥有着更为广阔的创作空间。它促使或引导受众在接收信息的过程中可以超越时间的纬度直接选择自己最想看到的信息，如超文本阅读。从这种时间和空间的选择转换中，让受众体会到图文内容的气质、特点、精神内涵，从而产生各种类型的情感体验，进而对图文内容印象深刻。

这则早期版本的"100年植物洗发露"视频广告（图3-25）由影星周润发、江美仪向受众演绎了一对恋人历经十年动乱后终于团圆的爱情故事。广告使用了京剧、"文革"、爱情三个载体，全片在京剧的音效背景下，前半段用色彩浓郁的影像首先展现了京剧中的锣鼓、京胡、场景和女主角的京剧扮相、男主角在台下的喜形于色，化妆间里男主角在化妆镜里两个人年轻的镜像上，用红色的油彩写出"百年好合"四个字，男人为女人温柔地冲去秀发上的泡沫；镜头切换，略带沧桑感的画面闪过"文革"的离乱、动荡和风中女人迷茫的眼神、飘动的长发；镜头再次切换已是多年以后，漂泊归来的男主人公在人群中看到洗浴归来的昔日恋人，她怀抱盆中的洗发水悄然登场，不惊艳，却夺目；在"如果人生的离合是一场戏，那么百年的缘分更是早有安排。青丝秀发，缘系百年"的幽幽旁白中定格产品画面。

图3-25　"100年植物洗发露"广告视频截图

这则广告当时一经推出立即风靡，首先拜周润发的人气、演技和顾家的好口碑所赐，其二，就是图像和文字的互动所致。全片以画面叙事为引导，文字出现只有三次：

1. 图像的推进将受众很快带入情境，镜像中的"百年好合"已将品牌的"100年"植入其中；

2. 故事影像继续牵引受众的情感，来到后半部女主角将洗发露放在沐浴的脸盆中，极其自然地导入产品外观，旁白的文字语音也极合时宜地娓娓道来，再点"百年"；

3. 片尾定格的"100年植物洗发露"。

这则广告的图像带有怀旧色彩，"故事"本身也是一种往事追忆的叙事手法，对有了一些生活阅历的人来讲，时间的记忆是情感体验最好的催化剂，我相信这就是这则广告选择京剧、"文革"、爱情作为创意载体的原因。文字的选择和使用，更是创意者（导演）水平的体现，与产品不相关的内容绝不出现文字表现，出现的文字却又用得与画面水乳交融，不惊艳，却精彩，精彩在时机的把握，精彩在画面的应景，更精彩之处在于周润发，演员的名字如神来之笔般地偶合了产品名字和洗护头发的至高追求：润发！当然更能得到受众对该品牌洗发水的情感倾斜。润发，还是周润发！他当时虽已是"大叔"级的名人，但在各个年龄段都有广泛的"粉丝"存在，属于通杀型明星。所以，整则广告让受众于无穷回味中深刻地记住了"100年""润发"，该品牌的洗发水一度畅销也就在"情""感"之中了。这样的"故事"体验，叫人如何不心动？！

在教学中，我曾以"文明"为题向学生布置过一次视频创作练习。有一个创作团队收集了乱扔垃圾、随地吐痰、高声喧哗等不文明行为，意图通过镜头编成一部完整的微电影公益广告。但这些社会问题拍摄难度大、范围广，归纳主题难免给人空泛、平庸和说教的感觉。我跟他们聊起了"孟母三迁""言传身教"等成语典故，学生们意识到了我的用意，微电影《文明的镜子，人生的道路》的脚本逐步成型：

场景一：妈妈带 5 岁的孩子到公园游玩，儿子看见地上的垃圾，准备去捡时，却被妈妈制止："别听老师的，地上的垃圾脏，脏东西每天都有环卫阿姨去打扫，你去管它做什么。"

场景二：妈妈带着儿子踏进草坪，留下了一堆垃圾后扬长而去；

场景三：公共汽车站妈妈带着儿子不排队挤上公共汽车，踩了别人的脚还蛮不讲理；

……

场景六：黑屏，字幕：十五年后

场景七：已经长大的儿子习惯了横穿马路，在公共场所随地乱扔瓜子壳、吸烟、乱扔烟头，在湖边抛垃圾，随处大小便；

场景八：儿子上班时跟顾客打架，被开除；

场景九：黑屏，字幕：树立正确的人生价值观，才是我们唯一的出路。渐隐，剧终。

图 3-26 微电影"文明的镜子，人生的道路"分镜头

整则视频（图 3-26）通过镜头的切换和简短的母子对话，将分散、零碎的镜头连接在一起，没有任何旁白，极富现场感。观者在观看一位母亲对孩子的不良教育所导致成人后的必然后果的同时，很自

然地联想到了言传身教、文明、时间、因果等概念的实质内涵和现实呈现。触类旁通，感同身受，谁都不希望片中的情景在自己身上重演，对身为家长的成人和开始明白事理的孩子，都有积极的互动激励。我跟学生们讲的成语典故，带有中国传统教育理念的丰富内涵和情感体验，我就是希望他们能用现代的视觉图文进行当代演绎的尝试，他们领悟到了，也通过这部微电影做到了。

体验，既有感官体验，也有情感体验，但情感体验更加深刻、持久。情感体验即心理体验，包括温暖、冷酷、愉悦、气愤、颓废、奔放……能够让受众产生情感体验的图像与文字，其实就已经让其开始了心理的互动、与媒介的互动，无论哪种类型的媒介。至于新的媒体形式，在内容上与受众互动已成为一种标配，这也是一个新的媒介能否存续和走红的必要条件，在此就暂不赘述了。

二、形式的互动

无论是传统电子媒介还是新媒体的表现形式，视觉图文的各种元素（视觉形象、文字、语音、乐曲、音效、时间、场景、情节、特效等）都应该具有统一的整体感和协调感，形成一种相互依存、相互协调的美感。特别需要重视的是，新媒体的视觉图文本身就是借鉴并具备着绘画、电影、音乐、雕塑、游戏等艺术门类的特点，并将其与互动技术和载体、材质有机结合，形成具有独立特征的表现形式。它的视觉形象、文字、语言、声音以及创新的互动形式的结构、节奏、情节等都能抓住受众。也正因此，在其创作过程中会涉及更加丰富的艺术门类，使得创作者有了更加深层的挖掘空间和灵感来源，对创作者的要求也就更高。本书的研究中，新媒体因技术形式所带来的互动属于另一个研究领域——技术范畴，我们的着力点还是图像与文字的表现形式——视觉图文的编辑，而非技术范畴。

同一堆机器零件，如果没有指定的装配图纸而由人任意装配的话，不同的装配者可以制造出构成元素相同，但结构、功能完全不同的产品。把图像、文字、声音都看成一个个零件，编辑就是装配工，如果没有特定的编辑意图或主题导向，不同的编辑就能制作出风格、导向、主题迥异的视觉图文。由于图像、文字、声音不是不能改变形状的物理固体，而是可见、可听的概念符号，而且这些符号系统和表现形式是各自独立的，所以，即使有明确的编辑意图和主题导向，也可以呈现出完全不同的表现形式，关键就在编辑。狭义的编辑是文字、图像的编辑人员，还可以是这些人所从事的工作，广义的编辑可以将导演、编导也称为编辑，对视觉图文作品的创作目标、思路、风格、特点、手法的研究、修改、确定，也可以称为编辑。所以，我们下面的讨论将在广义与狭义、人和具体工作之间时常切换。

（1）转换

文字向图像的转换在视觉艺术中非常普遍，"读图时代"之前的绝大部分影视作品都是由小说及类似文本转换过来的，绝大部分人与名著的接触也都是通过改编的影视剧而非文本阅读。虽然有不少的文学爱好者在看过由原著改编的电影或电视剧之后，总爱掉上一句："原著比电影好看！"现代很多从事文艺理论研究的专家、学者认为，这种改编是影像对文学的入侵，但大众和市场的选择给予了改编以肯定——文字向图像的转换是更能为时代接纳的肯定。而且，转换后的影像其实仍然是一种视觉图文，相比躺在书架上的纯文本，转换带给人们的心理互动更具价值。

我看过鲁迅先生的小说《阿Q正传》，其实对阿Q的"精神胜利法"，最初只是觉得有些无赖和可笑，但看到改编成电影的《阿Q正传》中严顺开老师那出神入化的演绎之后，笑变成了苦笑，尤其最后他走向刑场时在众人的怂恿下，扯着嗓子喊出一句"二十年后又是一条好汉"的绝望挣扎，让人把愚昧彻底读懂。影片结尾的旁白也似是鲁迅先生对当时国人的嘲讽："……阿桂还是有后代的，而且子孙繁多，至今不绝！"电影的对白和演员的表演，无疑让人对阿Q的愚昧、软弱的感受比小说传神更多，也比小说文字和插图的互文表达更显真实。尤其最后那句旁白，结合情节和场景，比小说更能让人立刻解析出文字里面的含义。

从主观上讲，《阿Q正传》的转换对鲁迅先生的地位是锦上添花，对普通大众而言，是对鲁迅作品能够认真品读、静心理解的更好形式，毕竟鲁迅先生的文风不是谁都能接受得了的，当时的白话文与现代还是有些差异。而对另外一些优秀作家，虽然优秀可能也只是在文坛之内，但他们的作品以及他们后来所取得的名誉和成就，更有可能是通过转化为影视剧之后才获得，才被更多读者知晓、认可。如电影《集结号》的原著《官司》及作者杨金远、《红高粱》的作者莫言、《天浴》的作者严歌苓、电视剧《来来往往》的作者池莉等，小说和作家本人在影视剧出来之前，并没有得到广大读者的重视，电影的上映回头又把小说捧红了的现象屡见不鲜。而从另一方面，互动的另一方——受众的解读也有自己的自由，并非一定沿着作者的思路和逻辑发展，所以有些文字作品被改编成影视剧后，反响并不是强化了原作的影响，相反甚至被人诟病，认为不如小说好看。我认为这就是作者与受众的互动出现了问题，这种形式互动的设定或解码必有一方、甚至双方都存在信息误判或遗失。

（2）统觉共享

"文学和图像关系的核心是语言和图像的关系，而语言和图像关系的核心就应当是'语象'和'图像'的关系。因为，语象和图像是文学和图像关系的'细胞'，是二者可能实现'统觉共享'的主要基因，"赵宪章教授认为，"所谓文学和图像的'统觉共享'，实则是语言文本和图像艺术之间'语象'和'物像'的相互唤起、相互联想和相互模仿。"① 在视觉图文中，"语象"和"图像"实现"统觉共享"是心理认知和视觉认知的转换，由于其心理层面的参与，实际上就形成了"统觉共享"者针对视觉图文的心理互动。

以前我曾为两家企业创作过两则长视频软广告，其中一则《感受梦洁》是床上用品，一般的广告模式当然是介绍床品的质地、花色、工艺、质量，但在电视台的播出档期定在春节期间后，我改变了以往的文案思路。画面是美轮美奂的床上用品，但文字一句也不提产品特征，我用嵌字联句的写法，把所有床品的名字写成了一篇喜迎佳节，祝福吉祥的散文诗。广告播出后反响极佳，连厂家参展全国展会都用该片作为主题宣传片。另一则《圆你纤纤轻似梦》是治疗脱发的药品广告，估计你现在看到类似的广告马上就会换台，因为秃头、斑秃、掉发的视觉感受令人不爽。但我在指导拍摄时反其道而行，专门找秀发飘逸的美女和头发浓密的帅哥，结果你能想到吧！我用的就是"统觉共享"的方法。布展拍摄的床上用品肯定好看，再加上灯光和后期制作的美化，你再去啰唆什么棉质、花色，把漂亮的画面也累赘得失色三分。而在喜庆的节日里谁都愿意听吉祥话，好言好语还好看，当然人家也看好产品喽！脱发在患者心中或多或少都有阴影，你在电视上去放大他的尴尬，药品的疗效再好他也不愿直面。但用娓娓道来的文字语言，看着满屏的长发飘飘、俊男靓女，他的内心就会燃起青丝

---

① 赵宪章：《文学和图像关系研究中的若干问题》，《江海学刊》，2010（1）：187.

浓密的希望，甚至将荧屏上的形象"共享"到自己身上来，当然就会去买这种药品啦！

统觉共享就是用显在的图文形式反映不在、不显的真实内容和意图，但这种反映由受众自己在内心完成，编辑只是巧妙运用图像与文字，为受众提供线索，铺陈条件，烘托气氛，制造引导，触发想象。

记得一位资深影视制作人曾跟我讲过一句话，"一个优秀的创作者应该具备两种能力，一是能根据一段文字构想出画面，二是根据一段画面能撰写出优美的文字"。我后来将其总结为"文视互换"能力，正在我的教学和创作实践中摸索尝试。

（3）结构

喜欢看电影的朋友是否留意过一个规律：简单的故事往往把情节设计得跌宕起伏，复杂的故事却常用简单的情节和手法讲述。例如美国影片《拯救大兵瑞恩》讲述在战场上寻找一个士兵的简单故事，但却包括了诺曼底登陆、城镇激战、战争版本的"农夫与蛇"、一座桥梁的存毁与整个战局的关联等众多曲折偶合的情节；张艺谋的《我的父亲母亲》描述父亲和母亲从青涩的青年时代到天人两隔的起伏人生，但情节展现仅截取了他们从初遇到热恋的一段，其余的人生部分用几句简短的台词一带而过，情节简单，色彩分明（现时用黑白影像，回忆用彩色影像）、情感隽永却令人无法忘怀。放得开，收得回，简单故事复杂讲，复杂故事简单说，是视觉图文常用的表现形式。

例如指导学生创作微电影《纸因爱，心相印》（图十八）。这是一个单一诉求的广告，适合简单故事复杂讲的表现形式。所以，制作团队很快就进入编故事阶段。在创意阶段时，他们的故事绚丽多姿，有校园的花径牵手，有夫妻间的和睦美满，有邻里间的关爱悠长……看完分析报告和创意提案后，我赞同他们的结构方式，但创意缺乏对爱的抽象总结，创意更缺乏深度和对广告目的"传递'爱·改变生活'的正能量"的诠释。我分析道，爱多指亲人、朋友、情侣间的亲情、友情、爱情，它们是改变人们生活的正能量，但创意容易落入俗套。对常人、陌生人的关心和帮助，这种来自与自己关系疏离，甚至陌生人的关爱，却是当今社会最缺乏的，对人的影响和震撼可谓深刻，正能量十足。

当学生们进入脚本创作、寻找外景地、拟定演员阶段时，我提醒道，简单和复杂的辩证关系要灵活运用而非拘泥死守，简单故事复杂讲并不排斥用简单形式进行复杂的讲述。在资金不充足时外拍很难有满意的画面效果，外景地、光线、演员、道具等不可控因素太多，为什么不用最简单的摄制手法呢？比如二维动画……让表现形式和制作简单。

图3-27　《纸因爱，心相印》视频截图

影片（图3-27）以纸飞机撞向播放键开始，并配以摄像机齿轮转动的音效，四个陌生人之间以纸巾递送表达关爱的小故事构成主体：跌倒的小孩接过路人的纸巾止住了啼哭；被汽车溅起的脏水打湿裙子的女子接过儿童递来的纸巾平息了烦躁；电梯里打喷嚏的男生接过女孩的纸巾避免了尴尬；送别亲人的老人接过青年的纸巾舒缓了伤感。结尾部分以场记板上的文字标示广告主题，落幅推出企业 LOGO 和名称。学生们起初对每个故事和人物进行了色彩渲染和细节描述，后来全部简化为黑白灰色调的逆光剪纸效果，并巧妙地用落幅画面企业 LOGO 的红色打破全片色调的沉闷，让观者感受到一股暖意的冲击，这正贴合了广告主题"爱·改变生活"的正能量传递！最后，我建议全片的色调加入一些蓝色，让高冷缓和些。我解释道，与其说让色彩柔和些，不如说让生活中的人们多一份关爱和信任，让社会更加和谐。一个简单的卖点却铺张得如此复杂。

智能手机广告《简单旅行》（图 3 - 28）主创学生选择年轻人最熟悉的生活形式——旅行为切入点，但最初他没有跳出广告主题"不凡于心，追求至美"的束缚，在画面中的文字内容上反复纠结，我提醒道：复杂故事简单说！旅行需要带什么？带上 OPPO 就够了！他马上醒悟了，"简单旅行"就成了这则广告的标题。简单，成了文案核心。

影棚内白纸为背景，一盏灯光一台数码相机，一堆学生自己的衣物，约一个小时的拍摄，校色、剪辑、字幕版制作、手机抠像、轻快的音乐……一气呵成。

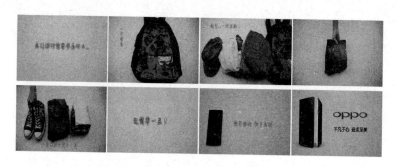

图 3 - 28　《简单旅行》视频截图

全片 30 秒共八个主画面，字幕开始：出门旅行需要准备什么？背包、衣服、帽子，一只手扫开；雨伞、水壶、书籍，又是一只手扫开，切字幕：简单一点；必需的衣服、鞋子，再扫开，字幕：更简单一点；

一个手机，旁边字幕：简单旅行，卸下包袱；再切字幕：带上OPPO；落幅手机侧面特写，推出企业LOGO和广告主题。"简单"在片中反复出现，简单，无论创意、拍摄、制作，却把企业想要表达的诉求都留在了观者的想象之中。全片完成后学生有些忐忑：这行吗？我说：简单，其实不简单。这两则作品后来在全国大学生专业竞赛中都获得好评。

简单故事复杂讲，复杂故事简单说，这是布局单一线索的视觉图文结构的方法之一，对待多线索视觉图文还有平行、交叉、颠倒等等更多解构方式，这属于文学创作中更进一步的叙事方法，在此也暂不多做论述。简单中有繁复，繁复中又精简，看似简单的道理，但在创作过程中却需要严谨的逻辑支撑，需要有约束的灵感放任。受众或许只会记住电影中的精彩桥段，或许在观看一段视频之后陷入深深的思考。但能被人们记住的视觉图文，无论是整体还是局部，无论简单还是复杂，它肯定是以最为受众所理解、所喜好的形式呈现，并最终为大众提供最具价值的阅读体验。

（4）对比

对比是一种对感官和心理刺激烈度较大，对峙意味强烈的视觉图文表现形式。对比包括空间的大小、高低，时间的快慢，节奏的张弛，情感的松紧，色彩的浓淡……形式较多，理解也相对简单，故不多作赘述。但有一部电影值得研究，那就是张艺谋导演的《我的父亲母亲》。

张艺谋导演在这部影片中，通过色彩，把由视觉对比引发的受众对爱情的概念理解打个粉碎，但又圆满到极致。影片采用两种色调，以黑白开头先展现故事的现时状态，再以彩色的回忆介绍故事的始末，再回到现实生活的黑白片中，总体上前后是黑白画面，中间讲述过去的故事使用彩色，既整齐却精致地打乱结构的呈现，剧情清晰，令人印象深刻。从图像分析，《我的父亲母亲》黑白画面的粗糙、人物质感的压抑、白雪黑衫的刺激，与彩色画面中红的艳丽、粉的跳跃、秋的金黄的强烈对比，……色彩美学，对张艺谋而言无出其右。但正是在惊艳的色彩中，即主人公（儿子，实际上是男二号，孙红雷饰演）对父亲和母亲从认识到相爱的那段美好时光的回忆里，导演却用高超的场景调度和刻意的景别安排，愣是在全片中几乎不让男女主人公同处一幅画面，有限的几个画面共处还相距甚远，更别说爱情片中必需的亲密场景，这哪里像爱情片哦?! 但在现实部分的黑白片中，再也没有父亲，只剩下身材佝偻、悲戚满腔的母亲，仍然没有一句温情的语言，对于父亲的回忆，也在那土得掉渣的方言里直来直去。可是——我们分明强烈地感受到了父亲和母亲那比蜜糖还要浓郁、还要黏稠的爱情。导演刻意调度的两个人不同画框和远距离，在看似绚烂的彩色里，实际上是在影射那个年代的封闭，暗伏父亲后来在政治运动中与母亲被迫分离的境况。在刺目的黑白场景中，虽然是葬礼和接亡父返回偏远的乡村，但母亲执拗地走在迎接队伍的前头，走在雪地里，村民们像接自己的家人一般，接力传递，队伍浩荡。那是母亲的爱人，那是很多村民的老师！虽然生活灰暗，但美好的记忆却鲜活地烙印在脑海中。爱，从过去到现在，一直深爱着；爱，无论艳阳高照还是日月无光，从来就在父亲母亲的心里，就在看似粗鲁实则质朴的人的心中。

　　黑白和彩色在电影里的交错对比运用，这部影片并非先例，但张艺谋导演一反回忆用黑白，现时用彩色的讨论，看似有意违之，实则有心为之。用距离和分离打破俗人心中对爱情卿卿我我的套路，用人心圆满挚爱和大爱的人性巅峰。

对比给人强烈刺激，让人不得不看，不得不想，不得不与电影这种历史最久的媒体互动，与剧中的人物互动，与时代沧桑互动，与银幕映照千里之外的那片土地、那个小山村互动……对比的表现形式，使用起来很方便，效果一般容易掌控，但用到人心随动，图文自动，很需要些功力。

动态阅读，并非对当代人阅读常态的贬抑，时代的喧嚣使然，也是任何一个时代处于变革期间人的心态的自然波动，也是从浮躁归于平静的必经历程。况且，动态阅读也将成为此后人们阅读的主流范式，因为技术提供的媒介形态进化至此。树欲静而风不止，我们只是需要修炼逆风飞扬的镇定。不管动态阅读的现时如何，不可否认的是，技术将单向信息流动带入了双向互动的阶段，这是信息生活的一次飞跃，是对以往信息不对称的极佳结局方案，我们必须积极把握，善加利用，趋利避害。

互动阅读，是"读图时代"图像与文字关系的另一重要特征，也是动态阅读之"动态"的显著标识。在现代文明以开放、民主和平等为主旋律的时空行进中，媒介垄断和信息集权只会成为历史，圉固于时间和空间障碍的文本、单向电视、广播也只会成为故纸堆，流动的资讯，互动的沟通，所有人对所有人的广播，这样的时代正在向我们走来，已经渗入了我们的生活。

跋：也是飞花也是诗

　　杏花，春雨，江南。六个方块字，或许那片土就在那里面。而无论赤县也好，神州也好，中国也好，变来变去，只要仓颉的灵感不灭，美丽的中文不老，那形象那磁石一般的向心力当必然常在。因为一个方块字是一个天地。太初有字，于是汉族的心灵对祖先的回忆和希望便有了寄托。譬如凭空写一个"雨"字，点点滴滴，滂滂沱沱，淅淅沥沥，一切云情雨意，就宛然在其中了。视觉上的这种美感，岂是什么 rain 也好 pluie 也好所能满足？翻开一部《辞源》或《辞海》，金木水火土，各成世界，而一入"雨"部，古神州的天颜千变万化，便悉在望中，美丽的霜雪云霞，骇人的雷电霹雹，展露的无非是神的好脾气与坏脾气，气象台百读不厌门外汉百思不解的百科全书……（余光中《听听那冷雨》）。很美吧，因为很美，所以进来了。

　　之前从没有想过会有一段这么"心劳"的日子，但却是快乐且丰盈的日子。原以为一辈子与点、线、面和 CMYK、RGB、CorelDraw、Photoshop 打交道就够了，没成想"读图时代"的箴言将我带进了这段日子。

　　最初的时日，隔行隔山地纠结在图文史话的云雾之中，还偏偏被牵进了似梦迷离的美学、哲学苦海，晦涩如天书，纠结似乱麻。好在儿时还背诵过"春花秋月何时了，往事知多少"，年轻时还附庸过"面朝大海，春暖花开"，当然，勾、皴、点、染，起、承、转、合，掉在碗里，不在话下。

总算熬过了看到"黑格尔"就想合上书本，电脑上跳出"亚里士多德"就想关机的日子，因为，再翻一本书，"苏格拉底"就在不远处等着我，点开下一个链接，"索绪尔"又在"能指""所指"地对我指指点点……只能硬着头皮熬。终于熬了过来，跟"莱辛""海德格尔"变成了熟人，东坡先生和摩诘先生也常来梦里……

忽然，有一天很感激起他们来，很庆幸有这样的日子。原来一直以为自己从事的专业需要的就是感性，甚至几分任性，没想到居然会有一天说出"感性的底层逻辑必定是理性"这样的话来，竟然有一天跟随在成天神叨的"图像与文字"后面，飘出了"湖光秋月两相和"。

终于拿起了笔，不过不是操熟了的画笔，也不是钢笔，而是电脑的 Word，把这段日子的半生不熟，把那些曾经想到却还没有梳理抻展的想法记录下来，归拢一下。动笔时"已是悬崖百丈冰，犹有花枝俏"，搁笔之日，推窗望外，却是"待到山花烂漫时，她在丛中笑"。

居然过去了一年多了，翻阅起始，浏览穿梭，直到"互动"结尾，脸上略有些发烧，觉得还是浅薄了一些。想起陈平原先生的深入浅出，想到赵宪章、赵炎秋教授的理据磅礴……真的有些惭愧。不过只是片刻，"闻道有先后，术业有专攻"，还没开始就打退堂鼓那就永远也不会有开始，看到不足才会永远不会知足。虽然，这次的素材和涉猎还是以自己的专业领域为主，像电影、纪录片、超文本……点到即止，但已经知道了庙门何向，所为何往。

杏花，春雨，江南……余光中先生笔耕不辍，乡愁蹈海，文图之功，精修至终。他寥寥的几句，就把古往今来、天文地理轻描淡写，然而意象和意境却早已挥之不去。余先生以文绘图、以文立境，我心神往……

是开始，也是纪念。开始，告诉自己不能停下；纪念，告诉自己曾经走来。也是飞花，也是诗，花开花落，飞花落英，明年还会再开，图像映照过；诗歌诗文，诗思不灭，平仄依然不老，文字书写着！读图，互动，动态阅读，我思，我在！

晏虹辉

二〇一九年三月于学府华庭

参考文献

［1］彭聃龄：《普通心理学》，北京师范大学出版社，2010.

［2］林崇德：《心理学大辞典（上卷）》，上海教育出版社，2003.

［3］法国拉斯科洞窟壁画：《超越时空的世界艺术文化宝藏》，《新浪》，2016 - 04 - 17.

［4］洞穴艺术．西洋美术史简介［引用日期2016 - 04 - 17］

［5］胡正荣：《传播学总论》，北京广播学院出版社，1997.

［6］轩书瑾编：《希腊罗马埃及探索发现大全集》，高等教育出版社，2010.

［7］卫恒：《四体书势·历代书法论文选》，上海书画出版社，2014：6.

［8］李英华：《计算机语言的发展》，湖北科学技术出版社，1992.

［9］［瑞士］索绪尔著，高名凯译：《普通语言学教程》，商务印书馆，1985.

［10］赵宪章：《文学和图像关系研究中的若干问题》，《江河学刊》，2010（1）.

［11］［美］W.J.T.米歇尔著，朱平译：《文字与图像》，《新美

术》，2007（4）．

[12]［德］莱辛著，朱光潜译：《拉奥孔》，商务印书馆，2016.

[13]赵炎秋：《图像时代诗画差异论——艺术视野下的文字与图像关系研究之五》，《创作与评论》，2016（20）．

[14]王玉：《图画书阅读：对图像语言的诠释》，《幼儿教育（科学教育版）》，2008（5）．

[15]郗璨璨：《论读图时代下新闻图片与文字的竞合关系》，《西南科技大学学报（哲学社会科学版）》，2012，29（6）．

[16]陈定家：《读图时代视像媒介的诗学意义》，《江淮论坛》，2010（4）．

[17]申小龙：《中国网络言说的新语文》，山东教育出版社，2014.

[18]张伟：《从"语图分立"到"语图一体"——现代视觉艺术语图表征的新范式及其审美指向》，《河南社会科学》，2016（12）．

[19]杨继勇：《论图－文关系等视域的世界图像化时代的命题之困》，《中国海洋大学学报（社会科学版）》，2016（3）．

[20]章燕：《论布莱克诗画合体艺术中的多元互动关系——以〈天真与经验之歌〉为例》，《文艺研究》，2014（9）．

[21]钱锺书：《读〈拉奥孔〉》，《文学评论》，1962（5）．

[22]赵炎秋：《异质与互渗：艺术视野下的文字与图像关系研究》，《文艺研究》，2012（1）．

[23]赵宪章：《语图符号的实指和虚指——文字与图像关系新论》，《文学评论》，2012（2）．

[24]赵宪章：《文学和图像关系研究中的若干问题》，《江海学刊》，2010（1）．

[25]［美］柯蒂斯·卡特著，刘卓译：《艺术中的文字与图像》，

《文史知识》，2014（11）．

　　[26] 郑二利：《米歇尔的"图像转向"理论解析》，《文艺研究》，2012（1）．

　　[27] 聂淑芬：《陈平原图文互文思想初探》，广州大学学位论文，2018：5.

　　[28] 柳林、林亮亮：《视媒体中汉字图像的传播方式研究》，《中国集体经济》，2016（6）．